知的生きかた文庫



# 実家がしんどい！

若杉　恵

三笠書房

## はじめに

# 「実家がしんどい！」と感じている あなたが最初に読むべき本

**実家に悩みごとがあって、気持ちがしんどい……！**

今この本を手に取っていらっしゃるあなたは、そう思われて、興味を持たれたのでしょうか。

「しんどい」とまではいかなくても、**軽い気がかり**があるのかもしれません。

または悩みはまったくないけれど、偶然、目についたという方もいるかもしれませんね。

実家の困りごとを、誰に相談したらいいのかわからない。

この先どうしたらいいのか、見当もつかない。

実家の恥をさらすようで、人には話したくない。

思い切って相談してみたけれど、何だか釈然とせずモヤモヤしている……。

本書は、そんなあなたのために書いた本です。

何かしらの**「気づきのヒント」**になったら。

「そういえば、あの本に『○○に相談を』と書いてあったな」

そう思い出してもらえたら……。著者として、こんなに光栄なことはありません。

私は現在、「ファイナンシャル・プランナー」「公認心理師」また「終活アドバイザー」の資格を持ち、実務面とメンタル面の両面から、困っている方たちの相談に乗る仕事をしています。

ところが、『実家がしんどい！』というタイトルの通り、**実は私自身が物心ついた頃からずっと、そう感じながら生きてきました。**

私の実家はいわゆる**「機能不全家族」**でした。

本を書くにあたって、私の今までの道のりについて、ちょっと話を聞いてもらってもよいでしょうか。


私の家は「大家族」で、祖母、両親、姉三人と私の三世代同居。

のちに、私が小学生の頃、両親が離婚。

母親は仕事で家を空けるようになり、日中は祖母に私の面倒を任せきり。

実の親子であるはずの母と祖母は、常に言い争いが絶えず、年の離れた姉たちは就職や結婚で家から次々と出て独立して、誰にも相談できない……。

それでも祖母は常に、幼い私の味方でいてくれ、毎日おいしいご飯を作ってくれました。


子どもの頃は自分の家の環境しか知らないので、**「そんなものだ」**、と思って暮らしていました。

しかし、友達の家に遊びに行くと当たり前のようにお母さんがいて、手作りおやつなどを出して優しくもてなしてくれ、学校であった話をニコニコしながら聞いてくれるようです。

**「どうやら我が家は、ほかのおうちとは違う」**ということに、薄々と気づきます。


小学校高学年の頃には、母の内縁の夫がいつの間にか同居するようになりました。

唯一の味方だった祖母は認知症になり、施設で暮らすようになります。

その内縁の夫がいわゆる酒乱で、飲むと暴れ、私に暴力・暴言を繰り返しました。

そのうち、母とその内縁の夫もひどいケンカを繰り返すようになり、家庭内はめちゃくちゃになりました。

さらにすぐ上の姉は、十七歳で双極性障害を発症。精神科に入院してしまいます。


あまりの家庭環境の劣悪さに、私は小児ぜんそくが悪化。

さらにクラスメイトから陰湿ないじめに遭い、学校を休みがちに……。成績はどんどん落ちていきました。

不登校を経験しつつ、なんとか地元の高校に入学。

**それでも、毒親のいる実家から逃げることは難しい。**

バイト程度ではまったく食べていけない……人生どん底、そう感じていました。

思い悩んだ末、角が立たないように実家から逃げるには「自宅から通えないくらい遠い大学に進学するしかない」とひらめきました。

そこから必死に勉強し、希望通りに実家から離れたところにある大学に合格。奨学金とバイトで生計を立て、念願の一人暮らしを始めるのです。

ところが、大学4年の就職活動の頃のこと。

私は実家から離れた場所で就職しようとしていましたが、遠くで働くことを母から反対されました。

自分なりに悩みましたが、某生命保険会社の、全国転勤がないエリア限定職として働き始めます。

仕事はノルマが課せられ、気難しいお客様も多く、二十代の私にとってはとても厳しいものでした。しかし、**実家の家庭環境よりずっとマシだ**と感じていたし、学生時代に奨学金を借りていたので、**仕事を辞めるという選択肢はありませんでした。**

そんなこんなで金融関係の仕事を続けて、社会人生活八年目のこと。

結婚し、ほどなく妊娠がわかります。

そこで実家の母に妊娠を報告したところ、こんな言葉をかけられました。

「孫の面倒を見てあげるから、うちの近くのマンションに住んだら？」

私はその甘い言葉にすっかり惑わされ、**せっかく距離を置いていたはずの実家と、また再び関わりを持ってしまうことに……。**

そして、あれよあれよと実家のトラブルに巻き込まれていってしまいました。

あんなにつらい目に遭っていたのに、人間、一度離れると忘れてしまう生き物なのですね。そして私は、その問題を簡単に放置できる性格でもないのです。

実家のトラブルは、福祉・税金・法律などいろいろなものが絡まり合っており、私にはとても複雑に感じました。解決するために、助けを求めてたくさんの知り合いに相談したり、ネットで見つけた無料相談を利用してみたりもしました。

しかし、どれもこれも何だかしっくりきません。

勇気を出して信頼できる知り合いに相談してみたものの、その人に紹介されたマンション管理会社の社長に騙され、トラブル多重発生……といったこともありました。**「信頼できる人の知り合いが、信頼できる」とは限らないのです**（後日、その知り合いも騙されていたことが発覚しました）。そういうことだってあるのです。

このように、私自身が実家トラブルに巻き込まれ、悩まされ、苦しめられてきた「当事者」の一人なのです。そして、実務とメンタルの両面から、「実家がしんどい！」案件を自力で地道に解決に導いていった経験があります。

現在、その経験は市民講座やコンサルティング、カウンセリングを通じて、相談者の方々のサポートに生かされています。

私はこれまで、コンサルティング＆カウンセリング等の活動を十年以上続けてきました。ＳＮＳでの宣伝はフェイスブックくらいしか行なっていないのですが、ありがたいことに、ほとんど口コミだけで、のべ百人以上のお悩みを聞いて解決のお手伝いをしてきました。

**一般的にこの手のお悩みは、実家の恥をさらすようで、人に話すのをためらわれがちです。** しかし、そうしているうちに事態がどんどん悪化していく……というケースもたくさん見てきました。

「もっと早く若杉さんと知り合えていたら」

そんなお声をいただくこともたくさんありました。

そして、実家トラブルで困っている方々のサポートを続けているうちに、一人ずつ個別にお話ししていても「独りでの活動」には限界があることに気づきました。

そこで、事例のケーススタディ本を全国出版できたら、多くの方の**悩みの解決の糸口**になるのではと考えたのです。

本書は、日々、相談者から寄せられるデリケートで多種多様な事案を、プライバシーに配慮して一部脚色しつつ書き上げました。

この一冊によって、かつての**私や私のクライアントの皆さんと同じように「実家がらみの問題」を抱える読者の皆さんの気がかりを軽くするお手伝いができたらと思います。**「実家がしんどい！」皆さんにとって、**心の拠り所となり、的確な具体策を示して差し上げられる、「ご相談窓口」のような存在**でありたいと願っています。

ファイナンシャル・プランナー／公認心理師／終活アドバイザー

若杉　恵

Contents

はじめに
「実家がしんどい！」と感じているあなたが最初に読むべき本 003

# 1章 「実家がしんどい！」の実態と正しい心構え

現代の人間関係のストレス
約半数は「家族」が原因だった 020

「実家がしんどい！」そんな時に
まず押さえておきたい心構え 024

最優先すべきは自分の気持ち
「事実」と「感情」を混同しない 028

# 2章 「親が暴走して、しんどい！」事例と対策


CASE 1
高齢の父が母亡きあとに婚活マッチングアプリで暴走！ 035
事例からの教訓
▼親の心情を日頃からケアすることの重要性 045

CASE 2
同居中の義母が息子（夫）亡きあとたちまち金の亡者に！ 053
事例からの教訓
▼名義変更などの手続きは早め早めに行なうこと 078

CASE 3
母が実家に出入りさせていた謎の業者たちの正体とは!? 089
事例からの教訓
▼高齢者詐欺は心理操作が巧妙　老親の〝寂しさ〟に気づこう 100

# 3章 「親の健康のことで、しんどい！」 事例と対策


CASE 1
独居の老父が認知症に……同居か施設か、どうする俺!? 111
事例からの教訓
▼親の介護は独りで抱え込まずすぐ専門家に相談を 124

CASE 2
大食漢だった母が異常な激痩せ！ 見落としていた病気と、その末路は 133
事例からの教訓
▼親の健康状態は日頃から把握しておくこと 144

CASE 3
祖母と同居するようになった母が食べられない・眠れない問題 153
事例からの教訓
▼何でも年の順番とは限らない！ 身内を頼るより、頼れる福祉へ 166

# 4章 「兄弟姉妹のことで、しんどい！」事例と対策


CASE 1
兄が精神疾患で引きこもり　知らぬ間に家の名義が……　175
▼事例からの教訓
身内とはいえ、実印や重要書類のやりとりで油断してはいけない　190

CASE 2
「自称・家事手伝い」のパラサイト女　親が亡くなって問題が表面化　199
▼事例からの教訓
誰かが「困った」タイミングですぐに福祉など適切な窓口へ　211

CASE 3
「ウチも当然もらう権利がある」と兄弟の妻たちが口を出してきた！　219
▼事例からの教訓
「きょうだいは他人の始まり」相続発生の前に動いておく　228

# 5章 「土地・建物・お墓のことで、しんどい！」事例と対策


CASE 1
相続した土地は、なんと崖の上！
売るどころか寄付もできず…… 239
事例からの教訓
▼不動産ならぬ負動産、事前に見当をつけておくべし 257

CASE 2
老親が「長男のお前に先祖の墓を守ってほしい」と言うけれど…… 267
事例からの教訓
▼親の意思能力があるうちにとにかく早く意向を聞くこと 278

CASE 3
「節税になるから」と専門家に勧められたアパート経営が破綻 285
事例からの教訓
▼アパート経営は利回りだけでは計算できないリスクもある 296

CASE 4
実家がいつのまにかゴミ屋敷に！ そして住人である父と病んだ兄が…… 303

**事例からの教訓**
▼とにかく早く福祉と連携！ 精神疾患が絡む際は慎重に 320

おわりに 331

まんが／シベリカ子
本文ＤＴＰ／株式会社アド・クレール

# 「実家がしんどい！」の実態と正しい心構え

# 現代の人間関係のストレス約半数は「家族」が原因だった

令和四年の国民生活基礎調査によると、約46％の人が、「悩みやストレスがある」と訴えています。

さらに「悩みやストレスの原因」の約32％が、人間関係によるものです。

このデータのように、「ストレスの大半が人間関係」という話は聞いたことがある方が多いかと思うのですが、皆さんはその内訳をご存じでしょうか？

実は「家族との関係にストレス」によるものが約16％、「家族以外との人間関係」によるものが約16％だそうです。

なんと、**人間関係によるストレスの約半数は家族が原因**という結果なのです。

これは七人に一人は家族との関係にストレスを感じている、という結果であり、決して少なくはない数字だと思われます。

女性は特に「家族との人間関係」にストレスを感じている人が多いこともわかりました。特に、四十代、五十代で高めの傾向にあります。

一方で、若い世代では「学業や友人関係」、働く世代では「仕事や経済的なこと」、六十代以上では「病気や介護のこと」がストレスの原因の多くを占めるというデータがあります。

家族の人間関係が深刻なのは、この六十代以上の「病気や介護のこと」が、働く世代の親世代にあたる、ということだと思います。

これは何を意味しているかというと、**三十代・四十代・五十代の方は自分自身の「仕事や経済的なストレス」に加え、親の「病気や介護のこと」がストレスになっている、という現実**なのです。

ストレスの理由が複数あったら、それはかなり「しんどい」はずですよね。

最近は「きょうだいの引きこもり」も深刻な社会問題となっています。

令和四年の内閣府調査によると、引きこもりは全国で百四十六万人と推計され、それは十五歳から六十四歳の人口の２％にもあたります。


親が元気なうちはいいけれど、親が亡くなったあと、介護が必要で施設に入った時には、その引きこもりのきょうだいを、ほかのきょうだいが面倒を見なくてはならないこともあります。

しかし、たいていはご自分の仕事や家族があり、きょうだいとの同居は難しいことが多いでしょうし、仮に可能だったとしても、積極的にそうしたいと思える人はどれだけ存在するのでしょうか。

そしてそんな時、いつ、どこに、どうやって相談したらよいのでしょうか……？


さらに、ゴミ屋敷問題も決して他人事ではありません。

久しぶりに実家に帰ったら実家がゴミ屋敷一歩寸前になっており、使っていないモノを捨てようとすると「全部必要なものだから触るな、捨てるな、もったいない。こちらのことはほっといてくれ」などと罵られる……。
ゴミとまでいかなくても、高齢で、戦争を経験している世代だとモノがなかなか捨てられず、使っていない布団や壊れた電化製品などの不用品が物置いっぱいにあふれている……そんな状態を指して、**ゴミ屋敷ならぬ〝モノ屋敷〟**という呼び方もあります。

さあ、もし当事者になった時、あなたならどうしますか？

# 「実家がしんどい！」そんな時に まず押さえておきたい心構え

それでは、身内トラブルに直面した時、どうしたらよいのでしょうか。基本の心構えからお伝えしていきます。

まず重要になってくるのは、**「事実と感情の仕分けと整理」**です。どういうことか、少々わかりづらいかと思いますので、例をあげましょう。

たとえば、あなたが東京在住の独身男性・会社勤めだったとします。ある日突然、北海道の実家にいる父親から電話がありました。

「最近、母さんの物忘れがひどくて、鍋を火にかけたまま出かけてしまい、危うく火事になりかけたりしている。お前、そろそろこっちに帰ってきて、同居するつもりはないか？　どうせ、家も長男であるお前に相続させようと思っているし」

このように、かなり困った様子です。

あなたは仕事が忙しく、なかなか休めない状況でしたが、何とか職場に事情を話し二日だけ仕事を休みました。そして、朝一番の飛行機で北海道に戻りました。

昼過ぎに実家に到着すると、部屋は散らかっており、父親は疲れ果て、母親の様子も朦朧《もうろう》とした感じで、受け答えも要領を得ない状態。

「これは様子がおかしい、そのままにしておけない」と感じ、まずは母親が認知症かどうかを検査してもらおうと思いました。

「母さん、病院に行こう。物忘れがあって、鍋を焦がしたんだろう？　それで俺、わざわざ東京から戻ってきたんだよ」と話しかけました。

母親は急に「ああ、あれはちょっと忘れただけ」「お父さんがいちいち大げさなの。ボケ老人扱いするのよ、お父さんのほうがボケてるのよ」と、不機嫌になり、動こうとしません。

父親は、近くで「いや、病院に行くほどでは……」と、おろおろするばかり。夜になり、母が「何か夕飯でも作るわ」と言ったものの、気づけばまた鍋を焦がしている状態。


結局、出前で寿司を取って食べたものの……。

「全然、大丈夫じゃないよな」

不安は募るばかりです。


夜になって、寝る前にふと姉に相談してみようと電話をしました。

姉は結婚して、山梨在住です。

しかし「こんな夜遅くに何なの？　こっちは未就学の子どもが三人もいて、夫も単身赴任で頼れなくて、めちゃくちゃ忙しいのよ！　とりあえずお父さんもいるのだし、いざとなったらお母さんは施設に入れたらいいと思うけど」

「え、でも」

「とにかく、申し訳ないけど両親のことは長男であるあなたに任せるわ。お姉ちゃん、そんな暇ないのよ、あなたは独身なんだから、何とかしておいてよ。お金がかかることがあれば、親の年金とか退職金があるはずでしょ。じゃ、私は子どもたち寝かしつけたから家事しないと。またね」と、そっけない様子で電話を切られてしまいます。

……さて、このような局面では、どのように対応するのがよいのでしょうか。

# 最優先すべきは自分の気持ち「事実」と「感情」を混同しない

先のケースで言えば、親が認知症になったと感じた時に、ついつい「早くどうにかしないと」「まずは病院に」と考えてしまいがちです。

しかし、ちょっと待ってください！

ここで一番注意しなければならないのは、これです。


**感情的にならないこと。**

**親に無理強いしないこと。**

**独りで勝手に動かないこと。**

**そして、初動を間違えないこと。**

**何より、自分の気持ちを大切にすること。**これがとても大切です。

「事実」と「感情」を混同してしまうと、よくありません。
最優先すべきは「自分の気持ち」です。

**・事実……母親の物忘れ　仕事を休む必要　世話をどうする**
**・感情……困った　姉に腹が立つ　親にあれこれ言われるのに俺だけが**
**父親も弱っていて気になる　かといって放置はできない**
**仕事が忙しいのに実家のことで時間がとられて嫌な気持ちになる**

では、「自分の気持ち」の整理がついたら、次にどうしたらよいでしょうか？
**やれること、やれないこと、やりたいこと、やりたくないことの区別をしましょう。**

意外とここで混乱して「すべてをやらなくてはいけない」と切羽詰まって体調を崩したりメンタルを病んだりしてしまう人がとても多いのですが、正しい知識をつけ、福祉をうまく利用するのがポイント。

「身内だから、当然、親やきょうだいの世話をしなくてはいけない」と思い込んでしまいがちですが、そうではありません。

こんな感じでまとめてみてください。


**【例】**

- **やれること……書類等の手続きをすること**
- **やれないこと……金銭的な援助をすること**
- **やりたいこと……年に数回の面会をすること**
- **やりたくないこと……介護を理由に離職すること　親と同居すること**

**やりたくないことは、やらない方向で動かなくてはなりません。**

そこを間違えないことです。

| | |
|---|---|
| **やれること**<br>例：書類等の手続き | **やれないこと**<br>例：金銭的な援助 |
| **やりたいこと**<br>例：年に数回の面会 | **やりたくないこと**<br>例：介護離職・同居 |

さてここからは、実際に起こった「身内トラブル」をもとにしたエピソードを多数ご紹介していきます（※）。そして、それに対する対処方法や教訓をまとめました、

今まさに「実家がしんどい！」方には、実務面でどう対処したらよいのかがわかるマニュアルとして。また、今は身内トラブルが顕在化していないという方には、いざという時に慌てないための〝転ばぬ先の杖〟として。お役に立てるのではないかと思います。

※法律・税務などの世の中のルールは常に改正があります。また本書はいわゆる専門書ではなく、読みやすいよう法律や税務に関しては大まかな説明のみにとどめています。仮に読者の方で本書内のエピソードと似たケースがあったとしても、その背景（本書に記載のない細かな条件の違い）によって数字や適用が異なり、本書の通りにならないこともあります。本書を読んで何か手続き等された結果、不利益があっても筆者や当社は責任を負いかねます。

※ご自身での手続きや申告の際は、必ず公的機関のホームページの確認や電話での確認、法テラス等への問い合わせを行なってください。それでも解決が難しいケースは各専門家に問い合わせ、場合によっては複数の先生に相談されることをお勧めいたします。

※エピソードはすべてフィクションです。プライバシーに配慮して、様々な案件をミックスして創作してあります。実在の人物や団体・事件とは一切関係ありません。

※ダイジェストまんが『しんどい！劇場』では、身内トラブルの元凶となるトラブルメーカーや、物語のキーマンなどのキャラクター造形を、猛獣などの「動物」で表現しています。

# 2章

# 「親が暴走して、しんどい！」

## 事例と対策

そんなある日…
お兄ちゃん、最近お父さんの様子がおかしいのよ
なんだとうとう認知症か？
CASE 1

私立なんてダメダメ！父親が亡くなってるのに、余裕なんてないでしょう
GIBO
CASE 2

お母さん大丈夫なの？
アユミちゃんには話してなかったかしら サカイさんてとっても親切なのよ
CASE 3

## しんどい！劇場　親が暴走して、しんどい！　CASE 1

#老父74歳　#婚活アプリにドハマり
#まさかのスピード入籍

CASE 1

# 高齢の父が母亡きあとに婚活マッチングアプリで暴走！

俺の名前はタカシ。四十五歳。

千葉県の松戸市在住で、都内のメーカーに勤務している典型的なサラリーマンだ。

妻は二歳年下で、高二と中三の二人の娘がいる四人家族。共働きで仕事は忙しいけれど、いわゆる「普通の家庭」だったと思う。

母親が突然、倒れるまでは……。


**先日、下北沢の実家で七十歳の母が亡くなった。**心筋梗塞だった。

母が自宅に一人でいる時に台所で倒れ、帰宅した父が発見したらしい。

そのまま救急車で病院に搬送され、俺も慌てて妹のエミコと一緒に駆けつけた。

しかし死に目には間に合わなかった。

葬儀は身内だけで済ませた。

「オヤジ、母さんがいないと何もできないんだよな。まさか母さんが先に逝くとは……」


父は七十四歳。大学を出てから定年まで、市役所で勤め上げた。

いわゆる「団塊の世代」で、母とは大学のサークルで知り合ったという。母は銀行で三年ほど働いて結婚し、その後はずっと専業主婦だった。

身の回りの世話をしてくれていた母がいなくなると、オヤジは自分のパンツすら自宅のどこにあるのかもわからない。洗濯も自分ではできないから、汚れたパンツは捨ててしまって、コンビニで新しいパンツを買っていたらしい。

ご飯はコンビニ、パンツは洗わずに買う……、部屋はもちろん荒れ放題だ。

実家でオヤジがそんな状態で一人暮らしをしていて、この先、大丈夫なのか？

とはいえ、俺も妻も自宅から電車で一時間以上かかる実家に、そうそう行ってもいられない。妹のエミコも結婚していて子どもがまだ小学生と幼稚園児だ。ただ自宅が二子玉川なので近いし、専業主婦なのだから「なんとかオヤジの面倒、見といてよ」と押し付けておいた。

妹はグダグダ文句を言っていたけど、忙しいのは俺のほうだからな。

よし、これでひとまず安心だ。娘なんだから、親のパンツくらい洗っとけよ。

――葬儀から一か月後。

妹から**「お兄ちゃん！　お父さんの様子がおかしいの」**と連絡が届いた。

「オヤジも、とうとう認知症か!?」と思いきや、実際は真逆だった。

身だしなみを急に気にしはじめて、理髪店に行き、新しい服まで買っている。妙にウキウキしていて、家の中もきれいでピカピカだ。外出する機会も増えて、最近は頻繁に外泊までしているらしい。一体、何が起きたのだ？

妹から衝撃の事実が告げられた。

「**お父さんね、二回りも年下の彼女ができたらしいよ！**　お兄ちゃんには絶対に言うなって口止めされていたのだけれど、**婚活アプリで知り合ったんだって。**けど、大丈夫かな？　あんなに背が低くて、ハゲ散らかしたおじいちゃんに寄って来る女なんてさ、遺産目当ての人じゃない？」

七十四歳のオヤジに彼女？　婚活アプリ？　二回り年下って？

まだ母さんの四十九日も済んでいないのに！

どういうことだよ……。頭が混乱して理解ができない。

よくよく聞いてみると、きっかけになったのは俺が渡したスマホだった。

オヤジの携帯はガラケーで、母さんが死んでからというもの、仕事中に「おい、洗濯機の使い方がわからん」などとくだらない電話がしょっちゅうかかってくる。「せめてメールにしてくれ」と言っても、打つのが面倒だからと四六時中、電話をかけてきて仕事にならない。辟易した俺は、休日にオヤジと一緒にスマホを買いに行き、スマホの使い方教室まで通わせたのだった。

その「俺が買って渡したスマホ」で婚活アプリの存在を知り、いつのまにか登録して、二回りも年下の女性とやり取りを重ね、交際に発展していたというのか。

**……信じられない。**「スマホなんか渡されても使えん、文字入力なんか、できない」と騒いでいたオヤジが!?

参ったな。どうりで最近、メールも電話も来ないと思ったら、女がいたのか。

俺は確信した。オヤジは変な女に騙されているに違いない。

オヤジには退職金が二千万円まるまる残っているうえに、母さんが親戚に頼まれて義理で加入していた生命保険のお金も一千万円ほど銀行口座に入っている。

実家だって駅から徒歩五分のとても便利な場所にある。前に不動産屋から「ご実家のあたりなら、土地と建物で三億円くらいになりますよ」と聞いたことがある。

それに祖父が残した株式や債券なんかの遺産もあったはずだ。

オヤジのような背が低いハゲ散らかしたおじいちゃんが、モテるわけがない。

**その女はオヤジの金目当てに決まっている。**俺がオヤジとしっかり話して、目を覚まさせてやらないと……。


週末、俺はアポなしで、電車で一時間半かけて実家に向かった。

オヤジはひどく驚いた様子だ。

「おう、タカシ。久しぶりだな。連絡もせずどうしたんだよ、俺はこれから出かけるんだけど」

「オヤジ、話がある」

「何だ、あらたまって。人と待ち合わせしているから、今度にしてくれよ」

「待ち合わせって、女だろ？　エミコから聞いたよ、婚活アプリで知り合ったんだって？　いい年をして、みっともない！　相手はお金目当てに決まってるだろ」

「エミコがしゃべったのか！　ほんとに口が軽いやつだな。静江さんのことだろう？」

「名前までは知らないけど、若い人じゃあるまいしアプリだなんて」

「タカシ、大丈夫だよ。確かに婚活アプリで知り合ったけれど、静江さんはそんな人じゃない。母さんが亡くなって不便している話をしたら、『よかったらお手伝いします』って言ってくれたから、お願いしただけだ。単なるお友達付き合いだよ。今度お前にも会わせるけど、会ったら安心するはずだ。彼女はな、ご主人からの暴力が原因で離婚したんだ。**二人のお子さんを抱えながら、介護ヘルパーや家政婦の仕事をして大学まで通わせた立派な女性なんだぞ。**うちにはこまめに来てくれて洗濯や掃除を手伝い、話し相手にもなってくれている。それに対してはお金をお支払いしているし、お前が心配するようなことは何もない」

「そんなこと、わからないじゃないか！　大体、母さんが亡くなったばかりなのに、実家でほかの女と一緒にいるなんておかしいよ！　俺は会わないからな」

「はいはい、わかったよ。何だお前、久しぶりに顔を出したらお金の話と文句ばっかりだな。母さんの仏前にろくに線香をあげるわけでもなく、片付けもエミコに任せきりのくせに！　エミコだって、まだ子どもが小さくて大変だろうが。長男のお前がやらないから、人様に頼む羽目になっているんだぞ。**いくら長男でも、そんな薄情な息子に遺産なんて一円たりともやりたくないね**」

「はぁ？　俺はオヤジが心配なんだよ。そんな女に優しくされて鼻の下伸ばして。騙されているのがわからないのか？　ちゃんとしたヘルパーさんを頼めよ」

「静江さんがちゃんとしているから頼んでいるんだよ。何か文句あるか？」

オヤジはそう言い放って、話の途中なのに出かけてしまった。

なんだよ、せっかく人が心配してやっているのに。


母さんの一周忌が終わった直後のことだった。

オヤジからこう切り出された。


「そうだ、お前らに話がある。俺は昨日、静江さんと籍を入れた」

「は!? 『籍を入れた』って、もう結婚したってこと?」

妹のエミコも仰天している。

「えっ? まだ一周忌が終わったばかりなのに、私たちに一言の相談もなく?」

「だって言ったら反対するだろう? だから言わなかった。**そのかわり今後一切、お前らの世話にはならないから安心しろ。ただし、俺の金も不動産も当てにするな。**

静江さんは本当に優しい人だし、二人のお子さんもいい子たちだ。これからは、静江さんとその子たちと生きると決めたからな」

俺は声を荒らげた。

「そんな結婚は無効だよ、オヤジ！　俺たちの許可もなく。目を覚ませよ！」

事例からの
教訓

## 親の心情を日頃からケアすることの重要性

今回の事例について、あなたはどう思われますか？

**残念ながらどんなに高齢の方であっても、いわゆる「一身上の都合」である結婚は双方の意思に基づいてなされるものです。**

仮に父が認知症だったとしても、相手が財産目当てだったとしても「二人の気持ち」が結婚に合意していれば、それを引き留めることは誰にもできないのです。

**ただし、例外もあります。**

それはどちらか一人が相手に無断で婚姻届を勝手に書いて提出したと判断されるような場合です。このような場合は「婚姻の無効の確認の訴え」を家庭裁判所に提起することができます。

ただ今回のケースですと、配偶者を亡くして寂しさを感じている父親が、家事も思うようにならずに困っている状況で、心の隙間を女性が埋めてくれているうちに男女の関係になり、「じゃあ一緒に住もうか、籍を入れよう」「はい」という流れがあったわけですから、双方の合意があったと判断されます。

タカシが父親の面倒を妹のエミコ任せにせず、もう少しこまめに実家に顔を出していたらどうでしょうか？

**タカシが手伝えなくても、業者の家事ヘルパーを頼んだり、電話などで話を聞いたりして父親をフォローしていれば、父親の心も生活もより穏やかに、安定していたのではないでしょうか。**

女性の存在がわかった時点での対応も、大きな分かれ道でした。

父親を感情的に責めたてるのではなく「そうなんだね、静江さんってどんな人なの？　一度会わせてくれる？」と前向きに対応していれば、結果も随分違っていたことでしょう。

子どもの立場からは「親の恋愛は見たくない。ましてや性的なことなんて」と、生理的に嫌悪感を覚えるのも無理はありません。

**しかし、人生百年時代では「老いらくの恋」は特に珍しい話ではありません。**六十歳以上を対象にしたパートナー探しのアプリが存在したり、介護施設で複数の高齢男性が一人の高齢女性をめぐってケンカになったりすることもあります。介護施設内で、それぞれ連れ合いがいるにもかかわらず、個室で性行為に及ぶというケースまであるそうです。

『北風と太陽』の話ではありませんが、**子どもが感情的になれば親も意固地になります。そして、人の恋路は邪魔してはいけないのが基本原則です。**周りに反対されればされるほど、親といえども燃え上がり、今回のような極端な結果になってしまうことも十分あり得るのです。

## ▼対処の基本方針

今回の事例のような場合、**日頃から親のケアをしていたかどうかが、運命の分かれ目です。**そうすれば、事例のように少なくとも一周忌が終わるか終わらないかで「子どもたちに相談もなく、いきなり籍を入れる」といった、父親の極端な行動は防げたのではないでしょうか。

仮に今回のケースで父親が感情的になり、「静江に全財産を相続させる」という遺言を残したとしても、タカシやエミコには「遺留分[※1]」という最低限保障された遺産の割合があります。

しかしそれは自動的にもらえるものではなく、タカシやエミコから静江に「静江さんに全部ということですが、こちらにも分けてください」と話し合いを持ちかけ、取り分を変更してもらう必要があります。それで解決しなければ、家庭裁判所での調停という流れが一般的です。

## ▼相談するタイミング・具体的な方法

今回のような事例の場合、外部（弁護士や公的な窓口など）に相談するタイミングはいつが適切なのでしょうか。

それは、**あなたが「親がおかしい」と感じた時**です。

大事なポイントは、**親の意思をきちんと尊重して、自分の意見ばかりを主張しないこと**です。

今回の事例ですと、すでに双方の意思で入籍（結婚）してしまっているので、第三者が婚姻を取り消すのはかなり困難です。

結婚の意思がないのに金品の要求をされている、どうやら相手が既婚らしい、などの**「結婚詐欺」が疑われる場合は、早めに弁護士に相談する**ことです。地域の法テラス（日本司法支援センター）などを利用するのをお勧めします。

認知症の親が、相手に「いいようにされている」と思われる場合は、**地域包括支援センターに電話をしましょう。**地域包括支援センターとは、地域の高齢者の介護や医療の相談に乗ってくれる公的機関です。段取りとしては、介護保険の申請が最初のステップになるでしょう。

とにかく、問題を家族内で抱え込まず、法テラスや地域包括支援センターなどの公的機関に相談して、外部と繋がりをつくるようにしましょう。

このような相談をする際には、恥ずかしがらずに親の暴走ぶりを具体的に伝えることが大切です。

## 用語解説

**※1 遺留分**……亡くなった人の兄弟姉妹以外の法定相続人に最低限保障されている、遺言によっても侵害されない相続財産の割合のこと。仮に三億二千万円がすべての遺産だったとして、遺言がない場合の法定相続分は再婚相手が一億六千万円、兄が八千万円、妹が八千万円となる。

今回のケースでは、遺留分は大まかにいうとその法定相続分の半分で仮に三億二千万円すべてを再婚相手に相続させる遺言が存在したとしても、兄と妹には八千万円の半分である四千万円ずつが確保される。結果、再婚相手の取り分は二億四千万円となる。厳密には相続人が直系尊属の場合は半分ではなく三分の一となるケースもあるが、話が複雑になるのでここでは割愛。

## しんどい!劇場　親が暴走して、しんどい!　CASE 2

#同居の義母　#嫁姑問題
#ある意味遺族とは　#死後離婚検討中

# CASE 2

# 同居中の義母が息子（夫）亡きあとたちまち金の亡者に！

私はサチコ、五十歳。埼玉県出身、札幌市在住のパート主婦。

うーん、どこから話したらいいのかな……**うちの義母の暴走**を。

ちょっと前振りが長くなるけど、聞いてもらえる？


五つ年上の夫ヤスシとは、今から二十五年前、社内恋愛で結婚した。

ちょっと頼りないけど、とっても真面目で優しい夫。

うちはいわゆる転勤族で、夫と東京で知り合ってから、福岡、静岡、秋田、そして一年前に夫の実家がある札幌に異動になって、最初は社宅で暮らしていたの。

そうそう、子どもはね、中学三年の男の子が一人。名前はケンタロウ。十年越しの不妊治療でようやく授かった、サッカー好きのかわいい一人息子。

最近は生意気盛りで、高校受験を控えているのにスマホで動画ばっかり見ている。サッカー部を引退してからは、塾の回数を増やした。塾代もバカにならないから、私はパートに出ている。近所のスーパーのレジのバイトでそれなりに大変だけど、代わりに仕事帰りにお茶をする友達もできた。

そうやって、まぁ普通に楽しく暮らしていたのだけれど……。


まず半年前に、**義母が脳梗塞で倒れてしまった。**

幸い発見が早かったので数週間の入院で済み、深刻な後遺症もなく家に帰れた。

その脳梗塞の影響なのか、はたまた「お年頃」のせいなのか、**物忘れが増えて**鍋をコンロにかけっぱなしにして焦がしたり、お風呂のお湯を出しっぱなしにしたりが頻繁に起きるようになってしまった。

そんなある日、夫がとんでもないことを言い出したのよね！

**「あのさ、近いうちに実家の二階に引っ越してオフクロと同居していいかな？」**

「ええ!? お義母さんと同居って……いつから？」

「いやもう、来月からでも。オフクロ、家賃はいらないって。二階を全部使っていいってさ。光熱費だけ払えばいいって言っているから、社宅より金がかからないぞ」

五年前に義父が亡くなってから義母は一人暮らしをしていたので、以前からチラホラと、同居の話は出ていたのだけれど。

**次男と結婚したから同居なんてないって思っていたのに、話が違うわ！**

もともとマザコン気味の夫が、「オフクロが実家に一人ぼっちじゃ心配だし」と繰り返す。

まったく、普段は静かなくせに、こういう時だけはよくしゃべるな、うちの夫。

「同居していいかな」って、決定事項じゃないの！

「義兄のタケシさんだっているのに、なんで次男のあなたが同居するのよ」

**「だってアニキの勤め先は生命保険会社で、今は嫁の実家の近くで仙台だぜ。同居なんてムリでしょ」**

「お兄さんのところは、奥さんが専業主婦じゃないの！　子どももいないんだから、お義母さんを仙台に行かせればいいのよ」

「オフクロはさ、アニキは嫁の実家近くに家を建てたし、子どももいないし、もう札幌には戻らないと思う、と言っているんだ。**だから今、俺らが同居してくれるなら孫のケンタロウもいるし、実家を俺に相続させるって。**悪い話じゃないだろう？」

「私だって家は欲しいけれど……、長男である義兄さんが何て言うか」

「俺もてっきり実家はアニキが相続するって思い込んでいたから、オフクロがそんなこと言い出して驚いたよ！　ただほら、アニキにあげても子どもがいないから、アニキが亡くなったら嫁さんの所有になっちゃうじゃない。オフクロ、それが嫌みたいなんだ。そうそう、**実家はまだオヤジの名義のまま**だから、ついでに名義変更してくれってさ」

「ふーん……、あれ？　**お父さんの相続ってまだ終わってないの？**」

「ん？　**実家の固定資産税**[※1]はオフクロが払っているよ」

「いやいや、そうじゃなくて。相続で財産を分ける……なんだっけ、**遺産ナントカ**ってやつ？」

「あー、**遺産分割**[※2]のことかな。いや、うちなんて普通だからそういうのは関係ないよ。財産と呼べるものは札幌の実家しかないし、自宅だけならきっと相続税[※3]とか関係ないし。とりあえずオヤジが死んだ時は『**オフクロに全財産を渡す、でいいんじゃないの？**』ってアニキと話してそのまんま。だって、**配偶者は一億六千万円ま**

**で[※3]相続税がかからない**ってネットに書いてあったし、そもそも札幌の実家にそんな価値があるわけないし」

「え、それって本当に大丈夫なの？」

**「うん、『オフクロが亡くなった時に、兄弟で半分に分けたらいいよね』ってアニキと決めているし。**だからオヤジが亡くなった時、俺は何ももらってないよ。**待てよ、もしかしてアニキだけ何かもらったのかな？**　そういえばあのタイミングで家を建てていたし。そこまでは、よくわからないけれど」

「でも私、家の名義は変更しないと罰金って、なんかで聞いたことがあるよ。大丈夫なの？」

「大丈夫だよ！　オヤジが死んで五年経つけど、誰も何も言ってきてないし」

「でも、本当にあの実家が手に入るのなら同居も悪い話じゃないわよね……？　住まずに売ってもいいわけだし、ゆくゆくはケンタロウのものになるんだし」

「まぁまぁ、そう慌てずに。まずは家の名義を、オヤジから俺に変更してもらおう。で、な」

**アニキにも一筆もらわなきゃ。**アニキたちも年末には帰省するからさ、まずはそこ

「わかった。次の転勤までの約束よ？　名義をちゃんと変更してもらってよね。そしてもし、**お義母さんの体調が悪化したらすぐ施設に！**　私、介護なんて嫌だからね」

「はいはい、知り合いに司法書士がいるから連絡しておくよ、サトウ司法書士さん……、ほらこの名刺を写メしとけよ」

「ん、わかった！」

こうして私たちは、**「実家欲しさの下心」**で義母と一緒に暮らすことになった。

期間限定とはいえ、二世帯でもない戸建てに同居。

……もうね、**ストレスが半端じゃない!!**

どんなストレスかって?

たとえば夫は普段「朝はコーヒーだけでいいよ、食べると逆に調子悪いから」なんて言っていたくせに、同居した途端に一変! 義母が作った出汁《だし》からとったみそ汁をいそいそと飲んで、炊き立ての白米を食べて、納豆と焼き魚を食べて、ウサギの形に剝いてもらったリンゴを食べて、義母とおしゃべりしてからうれしそうに出勤する始末……。

いや、いいのよ、義母は暇なのだから。リハビリにもなるわよ? そうよね?

「朝から夫においしい料理のご提供、ありがとうございます」ってことで感謝しとく。

実際問題、最近は義母、鍋も焦がしていないし。いい傾向ってことにしよう。

でもね、「これって、当てつけ? 私が手抜きしているとでも?」ってなるのよ。

私の心が狭いのかしら……。

そして、**家の名義変更もまったく話が進まない。**

「まだいいじゃない！　あなたたちにあげるって、ちゃんと決めているのだから。ん？　いくらかかるの？　えっ！　十五万円もするの？　じゃあ私が死んだら、その時の遺産で手続きしなさいよ。今は何も困ってないから、**名義なんてそのままでいいじゃない。**固定資産税は私が払っているのだし。まだまだ私は長生きしますからね！　そんな**死ぬ準備みたいなことは嫌よ**」

そんなこんなで、同居から二か月ほど経ったある日。早朝に固定電話が鳴った。

……珍しいな、こんな時間に。

ナンバーディスプレイを見ると、仙台の夫の兄嫁キョウコからだ。

「はい、タナカでございます」

「あ、サチコさんかしら。朝早くにすみません。仙台のキョウコです。ご無沙汰しております……。実は、**タケシさんが先ほど亡くなりまして……**」

「ええ⁉」

**義理の兄が亡くなった？**

慌てて受話器を夫に渡す。

「うん、うん、わかった。キョウコさん、気をしっかり持って。明日が通夜ね。何とか明日の飛行機でそっちに行くから、何か困ったことがあれば電話して」

翌日、飛行機で夫とケンタロウ、そして義母の四人で仙台へ向かう。

もうね、それは大変だったのよ。お義母さんは道中、一言も話さないし……。

タケシお義兄さんの死因は急性大動脈解離。五十九歳だった。

大手の生命保険会社にお勤めだったので、葬儀もかなり大規模なものだ。


親族控室で兄嫁のキョウコさんに会った。

事情を聞いてみると「朝、食事の支度をし終えて、いつもの時間に夫が起きてこないので部屋に呼びに行ったら、胸を押さえて苦しそうで。ベッドから起き上がろうとして倒れ込んだ。慌てて救急車を呼んだけれど、病院で息を引き取った」とのこと。


すると、ずっと黙っていたお義母さんが口を開いた。

「なんでこんなことに……。**タケシが先に死ぬなんて。キョウコさん、あなたどうして寝室を別にしていたの。**タケシが体調崩しているのに気づかなかったなんて」

「あ、いえ……お義母さん、それは違います。タケシさんのほうからそうしたいと。夜も海外とのリモート会議があるし、逆に気を遣うから一人で寝たいと言うので……。先月から寝室を別にしただけで、ずっとお元気でした。前の日もお酒を飲んで、夜九時くらいには休まれていましたし……ぐすっ」

「言い訳ばっかりね！　**働きもしないで、うちの息子の稼ぎでいい暮らしして。正直言うと、結婚した時から気に入らなかったのよ！**」

「そんな、お義母さん、ひどい……」

夫が「母さんもうやめろよ！　怒鳴ったって仕方ないだろう。兄さんだってそんなの望んでないよ」と声をかけたが、義母のヒートアップは止まらず、兄嫁のキョウコはただただ泣くばかりだ。

義兄の葬儀が終わった次の日。

帰宅すると、ポストに夫の健康診断の結果が郵送で戻ってきていた。

**『D判定・要精密検査』**と書いてあった。

「ちょっと！　なるべく早く受診してね？」驚いた私は声をかける。

「いやいや、全く症状もないし、大丈夫。けどアニキの件もあるからな。なるべく時間とって病院行くわ」

夫は一か月後、ようやく病院を受診してくれた。

そのさらに一週間後。病院の先生から自宅宛に留守番電話が入っていた。

「すみませんが、なるべく早い日にご家族の方と一緒に病院の方に来られますか？**急ぎでお伝えしたいことがあります**」

え！　どういうこと？

仕事の休みを取って、夫婦で病院へ向かう。

先生から衝撃の一言があった。

「**進行膵臓《すいぞう》がんです。ステージⅣで転移があり、手術は難しいです。**自覚症状はなかったですか？」

「背中が痛いなとは思っていましたが、てっきり寝違えたのかと」

「そうですか……」


夫はまだ五十四歳なのに……。私、どうしたらいいの？


**そして、それから一か月後、夫は体調を崩して入院する。**

**そのまま三日ほどで、アッサリと帰らぬ人となってしまったのだ。**


義兄が五月に亡くなり、夫が八月に亡くなった。

義母からすると、ここ数年の間に夫に先立たれ、続いて息子二人にも立て続けに先立たれてしまったという状況だ。

……こんなことって、ある？

がんの告知から葬儀まで、わずか一か月に過ぎない。私の当時の記憶はほとんどない。

とにかく、息子と義母の世話をして、パートに出て、その合間に夫の会社と連絡を取りながら、やれ弔慰《ちょうい》金《きん》だ、年金事務所だ、と膨大な数の書類の提出をこなす日々――。

ある日のこと。ダイニングで息子と話をしていたら、ケンタロウが珍しく神妙な顔つきで話してくれた。

「俺、サッカーで有名な雪園高校に行きたい」

「そうなんだ」

「でも、雪園高校は私立だよね……。お金かかるよね、大丈夫かな」

「大丈夫よ、私立高校無償化の制度[※4]もあるし、奨学金も申請してみよう。でも、もう推薦は間に合わない時期だし、試験に受かるしかない。しっかり勉強してね」

「わかった、じゃ俺、自分の部屋で塾の宿題をしてくる」

やる気に満ちた表情のケンタロウは二階にあがっていった。

よしよし、ようやくエンジンかかってきたかな。


すると、**義母がとんでもないことを言い出した。**

「ケンタロウ、気の毒だけれど、高校はここから通える公立しかないわよ！　雪園なんて学費が高いからダメダメ、近くの公立でじゅうぶんよ。ヤスシもそうだったわ。それに父親が亡くなったら、普通は私立に行く余裕なんてないでしょう」


**は？　何言っているわけ？　普通ってどこの話？**

「あの、お義母さん。それくらいは、ちゃんとヤスシさんと相談して学資保険とかで貯めています！　**お義母さんは口挟まないでください**」

「あら！　私は心配して言ってあげているのよ？　それにこの家、もともとは私の夫が私のために建ててくれたの。家は全部「母さんに」っていつも言ってた。そこに住まわせてあげている私にも言う権利はあるわよ！　**この家、私が死んだらケンタロウにあげるけど、あなたは他人じゃないの。**要は居候ってことよ」

「え？　どういうことでしょう……？」

「そもそもあなた、そういえば**ヤスシが亡くなって保険金や遺族年金いくら入ったの？**　お香典や会社からの弔慰金があるはずよ。まさか、それを独り占めする気じゃないでしょうね」

「ええっ、独り占めって……。だってこれはヤスシさんが私とケンタロウに残してくれたお金であって、相続人が妻と子の場合は親には相続権はないんですよ？」

「あら、遺族年金だってそもそもヤスシのおかげ、なわけよね？　**私だってある意味で遺族だし。**だから、サチコさんも仕事増やしなさいよ。パートじゃこの先食べていけないわよ。相続権とか水くさいことというのね、あなたって」

ある意味で遺族って……。

「ただ何かと大変でしょうから、ケンタロウを育てるのは私も手伝いますけどね？　**もう夫がいないのだから、夫の扶養の範囲とか気にせず正社員になればいいわよ。そしてうちにお金入れてちょうだいね？」**

「そ、そんな、急に……。そもそもお義母さんが脳梗塞で倒れて心配だから同居しようって、ヤスシさんが言ったからここに引っ越してあげたのですよ」

「『引っ越してあげた』ですって⁉　あらっ、ずいぶん恩着せがましいこと。だって、私はこの家をヤスシにあげるかわりに死ぬまで老後の面倒見てもらう約束だったのよ？　そのヤスシが先に亡くなってしまったのだもの、その**嫁のサチコさんが私の面倒を見るのは、至極当然でしょう？」**

お義母さんが何を言っているのか意味不明。全然、頭に入ってこない。

そんな約束、聞いてないし！


翌日。私は、ふとサトウ司法書士さんを思い出していた。

そういえば、サトウ先生にお義兄さんが亡くなったことも、夫が亡くなったことも言ってなかったじゃない……ヤスシったら、同居のタイミングでどうして名義変更を済ませておいてくれなかったのよ。面倒くさいわね。

その次の週、私は仕事帰りにサトウ司法書士さんの事務所に立ち寄ってみた。

「……というわけなのですよ。固定資産税を払っているから義母のものだって言い張るのですけど、そういうものですか？　別にそもそも私は嫁で関係ないので誰のものでもいいのですけど、ケンタロウに迷惑がかかるのは困りますから、名義はちゃんとしておきたいのです」

「それはご愁傷さまです……」

「あまり時間もないのでストレートに教えてください」

「わかりました。ではさっそく本題に入ります。**固定資産税の支払者の名前と不動産の名義は連動しない**ものです。それと、たいへん言いづらいのですが以前はお義母さん、お義兄さん、そしてヤスシさんが相続人でしたので、その三名の戸籍謄本や印鑑とサインで家の名義変更ができたのですが、いまは息子さん二人が亡くなられて**数次相続が起こってしまっている**ので相続人がお義母さん、サチコさん、ケンタロウ君、そして仙台のキョウコさんの四人なのですが、ケンタロウ君は未成年なので特別代理人の選任が必要となります」

「ス……ウジソウゾク？　トクベツダイリニン？　とは、何でしょうか」

「あ、えーっと、そもそもお義父さんが亡くなられて五年経つわけですけど、**遺産**

分割が終わっていないわけですよね」

「はあ、そうです」

「遺言はありましたか？」

「義母からは『全部自分にもらえると（義父が）言っていたんだから、すべて自分のものだ』というセリフを、何度も聞いていますけれども……。結局義父の遺言はなくて」

「お義父さんの相続手続きが終わらないうちに、息子さん二人が亡くなられて次の相続が起こってしまった、そういった状態を『数次相続』といいます」

「なるほど。そういえば、義理の兄の葬儀の時、兄嫁のキョウコさんと義母がちょっと揉めて、それ以降、私がキョウコさんに連絡しても音信不通なのです。連絡がつくかどうか……」

「わかりました。よろしければ連絡先を教えてください。僕が代わりにやります」

「ありがとうございます。ちなみに夫の実家はいくらの価値があるのですか？」

「ざっくりですけれど、財産が自宅のみとのことで、相続税評価額が三千万くらいでしょう。これはあくまで相続の時に使う数字でして、実際に売れる金額とは異なります」

「なるほど」

「まずその三千万の分け方ですが、一次相続[※5]でお義母さんの権利として一千五百万、タケシさん七百五十万、ヤスシさん同じく七百五十万。次に二次相続でタケシさんの七百五十万がキョウコさん五百万、お義母さん二百五十万、ヤスシさんの七百五十万はサチコさんに三百七十五万、ケンタロウくんに三百七十五万となります」

「はあ」

「これは、あくまで『遺言書がなかった場合の話』で、仮にタケシさん・ヤスシさんの遺言があれば、話が変わってきます。また『お義母さんに自宅の権利をすべて』となると相続人全員の印鑑が必要です。当然キョウコさんにもハンコをもらわないとですが、おそらくタダではハンコは、くれない気がします」

「そうですか……確かに。義母とかなり揉めていましたしね……」

「おうちの名義はお義母さん単独でよろしいですか？」

「あ、ええ。いいも悪いも、私のではないので……。でも、本当に相続税はかからないのでしょうか」

「お義父さんの残された財産はご存じですか？」

「実家だけ、と聞きました」

「であれば、相続税の基礎控除額の範囲内なので問題ないはずです。また、先ほどお伝えしたケンタロウ君の特別代理人ですが、家庭裁判所での手続きが必要です」

「わかりました」

数日後。

「キョウコさんと連絡がつきました。**自宅はいらないので代償金[※6]を現金で受け取りたい**、タケシさんの相続でお義母さんに渡すものはない、とおっしゃっています」

え？　ダイショウキン？　それって何？

もう、先生が何言っているのか全然わからない。

しばらくすると、キョウコさんの代理人である弁護士から**内容証明郵便**が届いた。

私がキョウコさんに電話で連絡しても、義母と仲良くつながっているとでも思われているのか、一切電話に出ない。

義母は義母で**「なんなの、あの嫁は！　うちの息子である夫が死んだっていうのに、こちらに遺産をよこすどころか逆に権利があるから金をよこせ、ですって？　信じられない。ビタ一文、渡すものですか！」**と、声を荒らげている。


結論から言うと、**義母はキョウコさんから遺産をもらうどころか逆に数百万円もの代償金を支払うことに……**。

そして仙台の家は、キョウコさんの実家の親名義の土地に建てており、建物も親の持ち物で使用貸借（無償で借りること）だったことが判明。

また、**タケシが残した「すべてを妻キョウコに相続させる」という遺言**もあり、サトウ先生が言うには、義母から請求できるのはタケシの取り分七百五十万円の遺留分相当額なので、結論から言うと百二十五万だそう。それはルールとして決まっているこ とで、弁護士さんにお願いして裁判になれば、時間もお金もかかるのは目に見えている、と。

それからというもの、義母は私の顔を見るたびに「なんで私がキョウコさんにそんな大金を払わなくちゃならないの⁉　そんなの納得いかない……そうだ、サチコさんがヤスシの遺産から払えばいいじゃないの。うちに住まわせてあげているのだから」などと言い出す始末。

**はぁ……「死後離婚」っていうのがあるって聞いたな。**

もう、何もかも面倒。義母と同居する理由もないし、介護なんて私にはムリ！

事例からの教訓

## 名義変更などの手続きは早め早めに行なうこと

今回の事例について、あなたはどう思われますか？

残念ながら、**「親より先に子が死ぬ」ということは、実は珍しいことではありません。**今日もどこかで、そのようなことが起こっています。

今回のような手続きもついつい「後回しでいいから」とのんびりしていると、いつ何があるかわからないのです。

### ▼対処の基本方針

今回のような事例の場合、**同居の際に家の名義変更（この場合は相続登記）、そもそも、義父が亡くなった時に遺産分割協議を速やかにしていたかどうか、が運命**

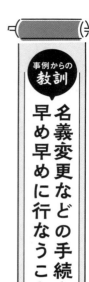

**の分かれ目**だったのです。義母が十五万円をケチらずに名義変更をしていれば、兄嫁キョウコへの代償金の支払いは不要でしたから……。

そうすれば、事例のように連続して息子に先立たれる、といったことがあったとしても、すでに自宅は義母のものですから、そもそもトラブルにはならなかったでしょう。

ここで以下について、簡潔に押さえておきましょう。

・法定相続分……遺言がなかった場合の遺産の分け方。
・遺留分……亡くなった人の兄弟姉妹以外の法定相続人（配偶者・親・子）が最低限相続できる割合のこと。

それから、義母がタケシの葬儀の際に義兄嫁キョウコに対して感情的にならなければ、また普段からキョウコに優しく接していれば、たとえ権利があったとしても、お義母さんからお金を取ろうとは思わなかったかもしれません。

タケシさんの帰省を待つのではなく、引っ越しのタイミングで実家の名義変更手続きを速やかに進めるべきでした。

**この手の手続きは、後回し、ないし感情的になるとロクなことがありません。**

もちろん、子が親より先に、ましてや兄弟二人とも、というのは確率としては高くはありません。しかし、**誰かが亡くなったら、その人の遺産の名義を速やかに変更することが大切になってくる**、ということを頭に入れておく必要があるでしょう。

今回のような事例もありますし、放置してあまりいいことはありません。

**また、よく勘違いされているのが「名義の変更をしなければ、固定資産税がかからない」ということです。**

**そんなことはありません。**それがまかり通れば大変なことになるでしょう。

亡くなられたら相続人に固定資産税の支払い義務が移りますので、名義を移そうがそうでなかろうが、書類が役所から相続人にもれなく届きます。

筆者は以前に、固定資産税の納税通知書に「〇田×造様　他8名」と書いてあるのを見たことがあります。

共有名義だと、そういう記載になるのですね。

また**「住んでいるから」、「固定資産税を払っているから」と言ってそれだけで所有権を主張できるものでもありません**ので、そこも注意が必要です。

ネットで検索すると色んな情報が出てきますが、例えるならば「赤信号を無視して横断歩道を渡ったけれど轢かれなかっただけ」ということ。必ず管轄の税務署に電話をして聞くか、司法書士や弁護士にご確認を。

また、**死後離婚に関しては、正式には「姻族関係終了届」という書類が必要になります。**配偶者の血族との関係を終了できる手続きです。書類は市区町村役場の窓口にあります。

**死後離婚をしても、遺産相続や年金受給に関しては影響ありません。**これは、死後離婚はあくまで姻族関係を解消する手続きに過ぎず、相続人や年金受給の地位は変わらないからです。

ちなみに、苗字に関しては自動的に旧姓に戻るわけではありません。**「復氏届」**を提出する必要がありますのでご注意ください。

## ▼相談するタイミング・具体的な方法

今回のような事例では、外部（弁護士や司法書士）に相談するタイミングはいつが適切なのでしょうか。

それは、一つ目は**父親が亡くなったら速やかに。**

二つ目は**義母が実家を次男に渡す、と言ったその直後**です。

思い立ったが吉日、と言うように、時間が経つと面倒になってしまうケースが多いものです。

そして、具体的な方法としては**できるだけ遺言を書いておくこと**です。

相続登記は、以前は義務ではありませんでした。しかし、**二〇二四年の法改正で相続登記の義務化が決まりました。放置しておくと十万円以下の過料という行政上のペナルティの適用対象**となりますが、それ以外にも変更しないことで大きな問題を抱えてしまうことがあるのです。

今回の事例ですと、義母が面倒だと言ってこのまま相続登記をせずにいたとしましょう。そうすると、さらに義兄嫁のキョウコが亡くなった、などというと、キョウコは夫を亡くしており、お子さんがいないので、今度はキョウコの親や兄弟姉妹に相続人が移ります。

また、**義母が認知症になれば、意思能力がないとみなされてこの手の手続きが困難になってしまいます。**誰かが行方不明になる、ということもありえます。相続人が亡くなれば、亡くなった相続人のさらに相続人が遺産分割協議に参加することになります。すると相続人が増え、遺産分割協議の成立が困難な状況になってしまいます。いざ義母が施設に入る、などといったことがあっても実家を売って現金化してとか、実家を担保にしてお金を借りる、ということがしづらいのです。

このような事態を避けるためにも、**相続発生後は期間を開けずに遺産分割協議を行ない、相続登記まで済ませることが大切**になってきます。

この手の話がこじれるきっかけは9割方、「感情的になって発言したこと」で誰かに恨みを買っているケースです。

今回の義母は息子を亡くしてパニックになっていたところもあるでしょうが、「言ってはいけないこと」をキョウコに言ってしまいました。

「口は禍のもと」なのです。
皆さんも言動には、くれぐれもご注意を。
一度口から出た言葉は、取り消しができませんからね。

## 用語解説

※1 **固定資産税**……家や土地などの不動産にかかる税金のこと（商売をする時に必要となる大きな機械設備にかかることもある）。これらの不動産や特別な設備を持っている人は、毎年この固定資産税を払わなくてはいけない。その年の一月一日時点での所有者が、市町村に支払う。

※2 **遺産分割**……複数の相続人の間で遺産を分配すること。

※3 **相続税の配偶者控除**……正確には「配偶者の税額の軽減」の制度。「一億六千万か配偶者の法定相続分相当額のどちらか多い金額までは配偶者には相続税はかからない」という制度。ただし税務署にこの控除を適用とする旨を記載した相続税の申告書の提出が必要となる。

※4 **私立高校授業料実質無償化**……正式名称は「高等学校等就学支援制度」。国が公立／私立を問わず高校の授業料を支援する制度。日本国内在住＋高等学校等に在学、かつ世帯年収九百十万円未満世帯は授業料が無償化される（ただし東京・大阪はすでに所得制

## 用語解説

限を撤廃している。今後は全面撤廃となる見込み）。

※5 **一次相続**……一般的に、夫婦の一方が亡くなった時の相続のこと。二次相続はそのあとに残された配偶者の相続のこと（先に子が亡くなるような場合の例外あり）。

※6 **代償金**……代償分割の時の金銭を指す。代償分割は遺産の分割に当たって共同相続人などのうち一人または数人に相続財産を現物で取得させ、その現物を取得した人が他の共同相続人などに対して債務を負担するもの。現物分割が困難な場合に行なわれる。今回のケースでは義実家の自宅（不動産）などの分けにくい財産がある時、義母が自宅をすべて取得する代わりにキョウコに権利がある分の金銭を支払うといった仕組みである。

## しんどい！劇場　親が暴走して、しんどい！　CASE 3

#独居老人の母　#詐欺師の餌食
#クーリング・オフ失敗

## CASE 3

# 母が実家に出入りさせていた謎の業者たちの正体とは!?

私、アユミ。四十五歳、独身。

年末、いつもより早めに冬休みが取れ、今日はクリスマスイブ。

父を去年に亡くして、実家の母は一人ぼっちのクリスマス。

たまには顔を出してあげようか……。


**実家に久しぶりに帰ってみたら、見知らぬスーツの男性が母とお茶をしている。**


「あら、アユミちゃん、帰ったの」

「ただいま、お客さん?」

「あ、お嬢さんですか。初めまして。住まいコンサルのサカイと申します」

慣れた様子で名刺を差し出す。

「はあ、どうも」

「では、どうぞこちらにサインを。あとはこちらに捺印ください。はい、はい、ありがとうございます。それで結構です。会社に戻って処理しておきますね、では次があるので失礼いたします」

「あら、サカイさんたら、せっかくコーヒー淹れたのよ。飲んでいけば？」

「すみませんが、お気持ちだけ。では、良いお年をお迎えください」

「あら、今年最後なの？　また近くに来たら寄ってね？　サカイさん」

「はい、ありがとうございます。それでは」

そのサカイとやらは、チラチラと私の顔を見ながらそそくさと帰ってしまった。

「お母さん？　何なの、それ」

「ああ、アユミちゃんには話してなかったかしら。サカイさんはね、とっても親切な方なのよ。あのね、おうちのことに詳しい人でね、先日たまたま家に来られて、屋根の瓦がはがれているのを教えてくれたの。ほら、お向かいのおうち、リフォームしていたんだけれど、その時にたまたまうちの屋根の壊れた瓦が目に入ったんだって。それでね、うちの屋根や雨どいが保険で直せるらしいの。だからその手続きをしているのよ」

「え、それってなんか……何だっけ、**火災保険金詐欺とかいうやつじゃないの？** ネットニュースで見たことあるけど、大丈夫なの？」

「大丈夫よ。だって修理代は損害保険会社から出るからまったく費用はかからないの。その手続きを代行してくださるのよ。それにね、カレンダーとかクリスマスケーキも届けてくれるし」

「大丈夫じゃないわよ、それ。**そんな経費のかかるもの持ってくるってことは、なんかしら下心があるってことに決まっている**じゃないの。なんか書類あるなら見せてよ」

「あるわよ、ん、あれ？　さっきまでこのテーブルに全部書類を出していたのに、サカイさんたら、間違って持って帰ってしまったのかしら？」

私はすぐにその名刺にある会社名や、サカイのフルネームをスマホ検索した。

すると、出てくる、出てくる……！

**「サカイ・リフォーム詐欺」「相場では五万円の修理費で済むものを百万円以上の請求をしていたことが判明」「火災保険の更新を断られた」**

私はスマホの画面を見せながら、

「ほーら、お母さん。サカイは詐欺師よ。危ないったらありゃしない。何、仲良くしてしまっているのよ」

母は「えっ、そんなわけないわよ。それに、仮にそうだったとしてもうちには何の不利益もなく屋根直してもらえるなら別にいいじゃない。そうだ、アユミちゃん。サカイさんにクリスマスケーキいただいたから、一緒に食べましょうよ」

そのケーキはスーパーで売っているような、派手な着色料のサンタの飾りと銀色のアラザンがかかって、ジャリっとした安物のバターケーキ。

私は何となく母の言動に違和感を持ちつつ、そのケーキを頬張り、苦いコーヒーで流し込んだ。

次の日。起きたら昼近く。

さすがに寝すぎたな……。そう思いながら二階から下に行くと、**また違うスーツの若い男がリビングでパソコンを開いて何やら母と話をしている。**

ちょっと、今日は今日で何なのよ。

「こちら米ドル建て保険です。いま円安ですからね、すごく利率がいいですよ」

「そうなの?」

「せっかくの保険金、この低金利時代に普通預金においておくのは損をします。生命保険の非課税枠もございますし、ぜひこのタイミングでお決めください」

「そうね、こんなに増えるならいいわよね、それで決めます」


**え、何? 勝手に何か契約しようとしている?**


「お母さん、ちょっと。何の契約しようとしているの?」

「あら、起きたのね。とってもいい保険よ。利回りがいいのよ。この契約、私が死んだ時の受取人はアユミちゃんにしておくからね。安心してちょうだい」

「どうも初めまして。楽々悠々生命のタカミと申します」

「はぁ」

「では、こちらの契約書にサインを」

……なんだか腑に落ちないわ。

そのタカミとやらが帰ってから、契約書を確認した。いわゆる変額保険で、**為替**[※1]**リスク**がある商品で、どうも母が理解しているとは考えづらい。

「お母さん、これいくら入れたの？」

「一千万よ」

「ええっ、イッセンマンエン？」

「そうよ、だって元本保証って言っていたもの。大丈夫よ」

「大丈夫じゃないわよ、よく読んでよ。米ドルでは固定って書いているけど日本円に変更するときの為替リスクがありますって書いてあるわよ！」

「え、だってタカミさんが固定ですって言うから……」

**そうだ、確かこういうのってクーリング・オフ制度があるじゃない！**

八日以内なら、間に合うって契約書に書いてあった気がする！

私はクーリング・オフの手続きをした。

よしよし、これで一千万円が戻ってくるわね。

母は、「せっかくいい保険なのに……」と悲しそうな顔をしていたけれど、そんなうまい話があるわけがない。

後日、クーリング・オフに関しての連絡が来た。

「こちらのご契約ですが、一千万円の外貨建保険契約は販売手数料のほかに日本円から米ドルにするために十万円の為替手数料がかかります。さらに、それを日本円に戻すために十万円かかります。あと、ご契約いただいた時は米ドルが百五十円でしたが、数日前に日銀の発言をきっかけに急な円高がございまして、今日の計算ですと一ドルが百四十円となっておりますので、**えーっと、九百三十一万円の返金ですね**」

「は？　こちらは一千万もそちらにお渡ししているのですよ？　解約で目減りするならわかりますけれど、クーリング・オフですよ！　一千万返ってくるはずですよね」

「はい、ですからその一千万円を米ドルに両替されていて、それを今の為替レートで計算しまして、そこから為替手数料の二十万円を差し引いて、残りのお返しです。ご契約時に保障しました米ドル六十六万六千六百六十円に関してはお約束通り固定です」

「ほら、アユミちゃん。今そのなんとかオフとかをしても損をするのでしょう？　もっともっと円安になるってタカミさん言っていたわよ。米ドルは百八十円になってもおかしくないって。余計なことはしないで、それまで待てばいいじゃない」

結局、クーリング・オフをしないで様子を見ることにしたけれど、ほんとどうなっているのかしら……。これで、また円高で米ドルが八十円切ることがあったら、目も当てられない。

その翌週。屋根の瓦は確かに直してもらえた。

だがしかし、その次の月には損害保険会社から「火災保険を更新に関するお知らせ」が来て驚いてしまった。

**「総合的に判断した結果、今後の更新を致しかねます」**とあるではないか。

え？　更新できないってどういうこと？

母からよく話を聞くと、今回「すまいコンサル」で家を直すのは四回目だというではないか。

ちょっと、どういうことなのよ。詐欺じゃないの。

文句言ってやる！

ところが……名刺にある携帯番号に電話しても**「現在使われておりません」**。

「すまいコンサル」に直接電話するも**「サカイは先日、退社しました」**。

ええっ、これからどうしたらいいの？

事例からの教訓

# 高齢者詐欺は心理操作が巧妙 老親の〝寂しさ〟に気づこう

**高齢者は「お金」「健康」「孤独」の三つの不安を持っています。**

内閣府の「令和四年版高齢者社会白書」によると、令和二年の六十五歳以上人口に占める単身世帯割合は、男性が15％、女性が22％で、どちらも毎年増加していきます。

**高齢者の単身世帯は体力や判断力の低下に加えて孤立しやすい環境下にあるため、犯罪のターゲットになりやすい**といえるでしょう。

みなさんは、豊田商事事件をご存じでしょうか。

一九八〇年代前半に発生した、豊田商事による金の地金などを用いた悪徳商法で

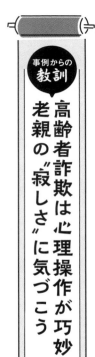

す。高齢者を中心に全国で数万人が被害に遭い、被害総額は二千億円近くともいわれている事件です。

電話セールスで無差別に勧誘し、脈ありと判断すると相手の家を訪問して、家に上がって線香をあげたり、買い物に付き添ったり「息子だと思ってうまく利用してください」などと信頼させ、現物ではなく紙切れの証書を発行して騙したという手口。

ですが、**被害者によっては「騙されていたとしても家に来てくれてうれしかった。息子よりずっと親切にしてくれた」などと言う人もいた**そうです。

そして、それから四十年以上たった今も、それに近い方法で様々な業者が独居老人に近づいているという事実があります。

シロアリ商法、自宅売却トラブル、押し売りならぬ押し買い（訪問買い取り詐欺）、還付金詐欺、健康食品詐欺……。

いろんな詐欺がありますが、**一番大切なことは、「もし実家の親が詐欺に遭った**

**としても、決して親を責めないこと」**です。

被害に遭わないための工夫については後述しますが、「騙された、また子どもに叱られる」と思うと次にまた騙された時にひた隠しにしてさらに被害が大きくなることが多いのです。

筆者も、実際に親がリフォーム商法で騙された結果、火災保険が更新できず、他で加入できるところを探すのに苦労したため、親をひどく叱った経験があります。

その後、実家に「水道の点検です」という二人組の業者を装って入り込み金品を盗むという手口で、鞄の中の財布を盗られるという事件があったのですが、盗難に遭った事実を母親がひた隠しにしていて、地元の交番からの「盗難注意！ こんな事件がありました」というメールで事の顛末を知ったという笑えない話があります……。

## ▼対処の基本方針

こういった被害は「起こらないこと」が一番ではありますが、それよりも**まず「怒らないこと」が大切と覚えておいてください。**

**「最近、そういった犯罪が増えているみたい。教えてくれてありがとう」**

**「それは相談してくれてよかった。命まで取られなくてよかった」**

そういった、優しい言葉がけと普段から話しやすいコミュニケーションをとることが、被害を大きくしないために大切です。

本来、騙される高齢者が悪いのではありません。**悪いのは詐欺師であり、犯罪者のほうなのですから。**

## ▼相談するタイミング・具体的な方法

**盗難・詐欺などは迷わず一一〇番。**

「なんだか様子がおかしい。騙されているかも、何らかの契約トラブルに遭っているかも」と感じたときにはお近くの消費生活センターに連絡を。

**消費生活センターがどこにあるのかわからない方は、消費者ホットライン「一八八」を利用してみてください。**日本全国のお近くの消費生活相談窓口を案内してくれます。

それから、自力でできる具体的な対策としては、こうです。

・玄関先に防犯カメラを設置する。
・下駄箱あたりに見守りカメラを設置すると、子が離れたところからスマホで実家の画像を確認することができる。リアルタイムで誰が来ているか確認できるうえ、マイクで話しかけも可能。ただし、Ｗｉ－Ｆｉと電源が必要。
・セコムなどの防犯対策や、補助鍵などの強化を検討。
・戸建てであれば、庭や玄関に、動きに反応するセンサーライトを設置する。
・電話は常に留守電にして、すぐには出ない。
・可能なら電話番号を変更する（名簿などで調べてかけてくることが多いため）。
・会話が録音できる電話機に買い替え、常に録音機能を稼働させる。
・地域の人とコミュニケーションをとる工夫を（宅配弁当等で見守りを兼ねることも大切）。

なお筆者の実家の場合は、一度泥棒に入られると「あの家は警備が手薄だ」ということが広まったのか、その後、立て続けに詐欺や犯罪の被害に遭いました。

その際、**有料ではありますが思い切って警備会社を入れた途端、それがピタリとおさまりました。**緊急通報システムがかなり優秀で、ボタン一つで自宅まで警備員が駆けつけてくれるサービスもあるため、実際に母が倒れた時にも役に立ってくれました。

すぐにそういった対処が不可能でも、ホームセンターに売られているような「警備中」などのシールやダミーの防犯カメラを設置するだけでも、抑止力になるかもしれません。

**とにかく親世代は、長年の経験から自分の知恵や習慣を過信する傾向があります。**

内閣府の「特殊詐欺に関する世論調査」によると、特殊詐欺に対して「自分だけは騙されない」と答えた七十歳以上の割合は50％を超えており、全年齢層の平均より10ポイント以上高くなっているという結果です。

一方、被害に遭わない理由の回答は**「騙されない自信があるから」**といった根拠のないものだったりもします。

「起こっても怒らない」「起こる前に対策をする」ことが重要です。

## 用語解説

※1 **為替リスク**……為替相場の変動によって外貨建て資産の価値が変動するリスクのこと。たとえば一ドルが百六十円の時に一万ドル買うと百六十万円が必要だが、一ドルが八十円になるとその百六十円で買った一万ドルの価値が八十万円になってしまう。ドルとして一万ドルあるのは変わりがないが、円にした時に目減りするリスクがある。逆に一ドルが八十円の時に一万ドル購入して、百六十円になった時に売れば八十万が百六十万になることもある（わかりやすくするために為替手数料などは割愛）。

# 3章

# 「親の健康のことで、しんどい!」

## 事例と対策

急いで実家へ行くと…
オヤジ！六月なのにコートにコタツってどうしちゃったんだよ！
CASE 1

母さんの下着に血…？
まぁ、息子に下着のこと聞かれるのも嫌だろう
ほっとくか…
CASE 2

お母さん痩せたんじゃない？
こないだお風呂で転んじゃってそれから調子悪いのよね…
CASE 3

# しんどい！劇場

親の健康のことで、しんどい！

CASE 1

#オヤジがおかしい　#六月なのにコートとコタツ
#認知症で同居フラグ

CASE 1

# 独居の老父が認知症に……同居か施設か、どうする俺!?

俺はタクヤ、五十歳。都内在住。

若い時に結婚・離婚して一人暮らし。ＩＴ関係の仕事をしている。一人で会社を経営しているので何かと多忙だが、取引先も増えていて、なかなかやりがいのある仕事だ。

仕事を徹夜で終え、朝方、布団に潜り込んでウトウトしていると、**スマホが鳴った。画面を見ると、神奈川に住むオヤジからだ。**

「タクヤか？　朝早くに悪いな」

「こんな時間にどうしたの」

**「なんだか起きてからめまいがする。悪いけど、病院に連れて行ってくれないか」**

「……わかった。とりあえず身支度して、そこで待ってて。俺も、今起きたばかりだから」

正確には「さっき寝たばかり」だけど。

ＩＴ関係って儲かるって思われがちだけど、仕事が立て込むと睡眠時間削ってまで作業しているわけでさ。

今、何時だよ。まだ七時半？　とりあえず急いでシャワーを浴びる。

まだ六月なのに、気温が二十五度。

半袖のシャツを着て、車に飛び乗る。

**……そういや、前に実家に行ったのはいつだっけ？**

オヤジっていくつになった？　確か八十歳になるって言っていたような。

めまいって、どこの病院に連れて行けばいいんだろう。

スマホで検索すると「耳鼻科、内科、脳外科」などが出てくる。

うーん、以前風邪ひいた時、受診させたことがある近所の内科でいいかな？

母が三年前に亡くなってからは、父とはもともと折り合いがよくないこともあって、ほんの数えるほどしか会いに行っていなかった。

俺は一人っ子だったけれど、離婚してからは父から連絡が来ることなんてなかった。

正月もお盆も帰省せずに旅行三昧だったし……。


あれこれ考えながら車を走らせ、到着。

玄関のドアを開け、暗い廊下を進む。

「痛い‼」

**思いっきり足をぶつけて転びそうになった。ん？　通販の箱かこれ？**　でかい段ボール箱だな。健康ニンニクパワー？

「おーいオヤジ、入るぞ。具合は大丈夫か？」

**居間のドアを開けると、そこにはコートを着込んでコタツに入る父親がいた。**

え？　こんなに暑いのに、なんで？

「オヤジ、このクソ暑いのに着込んでコタツって、どうしちゃったんだよ。コートなんていらないから早く脱げよ。それにエアコンの暖房もついているじゃないか。ホラ、さっさと病院行くぞ」

「だって寒いじゃないか」

「熱でもあるのか？　今の外の気温二十五度だぞ」

「外に行くにはコートが必要だから、着ただけだ」

「もう、オヤジいい加減にしてよ。ほらほら、熱は測った？　保険証持った？　今から出れば近所の病院の受付開始時間にちょうどいいよ。ちゃんと調べてきたから」

「保険証……そうだな、病院行くのに保険証が必要だよな、どこだったかな」

父はコタツから立ち上がろうとして、その場でよろけて倒れこんでしまった。

「オヤジ！　大丈夫か？」

「ああ大丈夫だ……イタタタ。なんだか吐き気がする」

吐き気？　なんだか、言葉がはっきりしない気がしないでもない。

**これはちょっと様子がおかしい。**脳卒中とか？

「オヤジ、やっぱり近所の病院やめよう。救急車で大きい病院に行こう」

俺は慌てて一一九番通報した。

十分ほどで救急車が到着して、救急隊員さんが父にいろいろ質問している。そのやりとりを隣の部屋で保険証を探しながら聞いていたが、やっぱり、何やら様子がおかしい。

**「うーん、今、何歳だったかな……」**

名前・生年月日までは大丈夫だったけれど、年齢や、具合が悪くなった状況、かかりつけ病院に関しての情報が出てこないのだ。

とっさに俺が「あ、えーと父は八十歳です。朝からめまいがして、吐き気もするようです。大きな持病はないはずです」と伝え、以前、近所の脳外科で健康診断のついでに脳ドックを受けたことがあったのを思い出したので、併せてそれも伝えると、病院に問い合せしてくださり、搬送先がそこに決まった。

救急車に乗り、病院に到着。

体温や血圧を測ってもらい、血液検査などをしたのち、ＣＴやＭＲＩを撮るためと慌ただしくオヤジだけが検査室へと運ばれ、俺は待合室で待つ。

**とりあえず、熱はないようだ。**

**……であれば、なんであんなに寒がっていたのだろう？**

どれくらい時間が経っただろう。

気づいたら俺は待合室の椅子で寝てしまっていて、看護師さんに起こされた。

「お父さんの検査終わりましたよ、ずいぶんお疲れでしたね。医師の診察まで少しお待ちくださいね」

そりゃ、ほとんど寝てないからね……。

診察室に呼ばれた。

「画像を見ましたが、**血管にはいわゆる詰まりや出血などは見られません。**これはおそらく、良性発作性頭位めまい症でしょう。耳石が剝がれ落ちて三半規管に入り込むのが原因です。朝起きた時に、めまいが起こったと聞いていますが」

「はあ、父はそう言っていました」

「**それよりも、脳の萎縮が気になりますね**」

「萎縮、ですか」

「はい、脳のスキマが年齢の割に多くみられます。認知症の症状は気になりませんでしたか？」

「はあ」

「今日は比較的気温が高いのに厚着をしておられたのも、おそらく季節の感覚がなくなって、どんな服装をすれば気候に合うかがわからず、コートを着なきゃと思い込まれているのかもしれません」

「なるほど。しばらく別々で暮らしていたので、気づかなくて」

「めまいは、仮にそれであれば耳鼻科になりますが、うちは脳外科なので、今時点では出血や血管の詰まりなどは見られません、という診断になります。ただ、**血圧も高いですし、一度しっかり総合病院で診てもらうといいかもしれませんね。**もしかかりつけがおありなら、そちらの先生に今日のことをお手紙書くことは可能ですし、介護に関してはお住まいの地域包括支援センターに連絡してみるとよいでしょう」

「はい、かかりつけの病院は特にないです。一度近くの総合病院に行ってみようと思います。重ね重ね、ありがとうございます」

オヤジと一緒に実家に帰り、気づけば十三時を過ぎていた。

考えたら、朝から何も食べていない。

オヤジのめまいは少し落ち着いたようだ。

「タクヤ、なんか腹減ったな。ラーメンでも出前頼むか？　蕎麦でもいいぞ。迷惑かけたから、好きなもの食べていいぞ」

「じゃ、暑いから冷たい蕎麦もらおうかな、それに、カツ丼もセットで」

オヤジと二人で出前の蕎麦とカツ丼を食べながら、ふと考えた。

**……さて、今後どうしたものか。このまま一人で置いておけないよな。**


「オヤジ、俺思ったけど」

「ん？　なんだ」

「もう、一人暮らしって無理じゃない？」

「え？」

「俺、近いうちにこの家に戻るよ。まずは今朝のめまいのこともあるから、健康診断受けたほうがいいよ。定年退職してから一度も受けてないだろ？　それでほら、早めに要介護認定[※1]とかいろんなサービスを使ったほうがいいと思うけど」

「はあ？　まだ、そんなの要らないよ。**ちょっと具合悪くなったからって大げさだな。**その証拠に、めまいは大丈夫だと吐き気止めだけ処方されて帰されたじゃないか。飯だって作れるし、近くにコンビニもあるし。俺は他人が家に入って来るのが嫌だよ」

「そうは言うけど、さっき救急隊員来た時、年齢聞かれて全然出てこなかったじゃないか」

「大丈夫、具合の悪い時に、知らない人にあれこれ聞かれてちょっと混乱しただけの話だ。そんなことくらいわかっている。まだ一人でやっていけるし、何かあれば連絡するから、それまでほっといてくれよ」

**「いやいや、俺だっていつも来られるわけでもないし。今日だってほとんど寝てないし」**

「それは悪かったな、お前、もう帰っていいぞ」

「そういえば廊下に通販の箱たくさんあったけど、あれ、何買ったの？」

「何でもいいだろう、別に。お前に迷惑はかけてない」

「いや、だって朝来た時に、あれに足ぶつけたし」

「それは単なるお前の不注意だろ。さ、朝から悪かったな、帰って大丈夫だ」


オヤジはそう言うけれど、会話も、あちこち取り繕っているように感じられた。

**今後、同居すべきか？　それとも施設……いやいや、その前に介護の申請？**

さっきも病院の先生があれこれ言ってくれていたけれど。


ていうか、テーブルの上に請求書がたくさんある。ジャパンねっとヤマダ？

これは、有名なテレビ通販の……振込用紙じゃないのかな？　二〇××年一月末まで……って、今、六月だぞ。支払期限はとっくに過ぎている。


「オヤジ、これは何？」

「ああ、そのへんの書類に勝手に触るな。効果がなければ代金はいらないってテレビで言っていたから、ほっといて大丈夫だ」

「いやいや、そういう問題じゃなくて。代金がいらない、じゃなくて、返品可能とか、全額返金します、とかじゃないの？」

「うるさいな。さ、もう具合良くなったから、お前は仕事に戻って大丈夫だ。今日は朝早くから悪かったな。病院にはそのうち行ってくる。余計な心配するな」

オヤジはちょっと怒ったように、俺を家から追い出した。

これ、どう見てもほっとけないよな。余計な心配も何も、振込用紙の支払い、大丈夫なのかな。積まれていた段ボール箱も気になる……。

しかし、いったいどこに、どうやって相談したらいいのだろうか？

消費生活センター？　警察？　病院？　役所？

事例からの教訓

## 親の介護は独りで抱え込まず すぐ専門家に相談を

今回の事例について、あなたはどう思われますか？

二〇二一年の出生動向基本調査によると、一人っ子（子ども一人夫婦）の割合は19・7％と、夫婦五組のうち一組が一人っ子という結果です。

**一人っ子の割合は年々増加傾向にあり、親の介護の負担が一人だけにのしかかる……という状態になりがちです。**

その結果、介護離職や、極端な場合ですと親子間でのトラブル、虐待、口論の末、介護疲れで殺人……などといった痛ましい事件まで起こりかねない状況も珍しくありません。

そうならないために、具体的には、どうしたらよいのでしょうか？

## ▼対処の基本方針

今回の事例では、まず健康面の不安・認知症の疑いに加えて、どうやら通販で買い物依存になっている様子も見受けられます。

暑い季節に自宅の中でコートを着ているのは、**見当識障害**によって季節を正しく認識できていないために季節に合った服装を選ぶことができないからかもしれませんし、体温調節機能が低下していて暑さを感じにくくなり、自律神経も乱れているのかもしれません。

その結果、**熱中症**で搬送されることも珍しくありません。

また、買い物に関しても「効果がなければ支払いがいらない」ということはなく、残った分に関して未開封品は返品返金ＯＫというだけであったりします。

「返金します」というシステムを拡大解釈していて、支払いが滞り、気づけばブラックリストに載ってしまうということも……。

他には、初回だけ安価なサブスクのような定期購入を解約する方法がわからず困惑している、といったケースもよく見受けられます。

皆さんは、テレビの通販番組で派手に「効果がなければ返金します！」などと謳う一方で、小さな文字で「効果の感じ方は個人差があります」「効果を保証するものではありません」などと記載があるのを見かけたことがありませんか？

「先着順」や「一時間限定でもう一つ」などといった謳い文句に釣られてついつい電話して、細かな注意書きは目に入っておらず、しまいには届いたが買ったこと自体を忘れ、ほとんど使わないまま効果がなければ代金を振り込むことが不要なのだ、と思い込んでしまうこともあるといいます。

**このような思い込みの激しさや、勝手な解釈をしてしまうのは、もしかすると認知症からくるものかもしれません。**

**認知症は、脳の病気や障害などが理由で記憶や思考の認知機能が低下し、日常生活に支障が出ている状態**を指します。

決して性格のせいではなく「病気」なのです。


こちらに認知症の知識がないばかりに、親と口論になってしまったり、責め立ててしまったりすると「子に迷惑をかけたくない」「自分の力でなんとかする」と必死に取り繕い、トラブルがさらにエスカレートしてしまうこともあります。

それを防ぐためにも、**不可解な親の行動や言動の背景にある気持ちを理解し、認知症に関しては「いつかは自分も通る道」と思いながら、そっと寄り添うことが大切です。**


そもそも、親への対応で自分自身が疲弊して心身や体調を崩してしまっては意味がありません。

もし認知症がさほどでもない段階で、親を一人にすることが可能であれば、いったんはその場を離れ、「仕事があるから帰るけれど、また話聞かせてね」「あとで電話するからね」などと、**嘘も方便で距離を置いたほうが、お互いに冷静になってあとから普通に話ができる**こともあります。

こじらせて「二度と会わない」となるのは、一番お勧めしません。

ここで大切なことは**「感情的にならないこと」「共倒れしない」**ことです。

## ▼相談するタイミング・具体的な方法

今回のような場合、外部（今回のケースでは地域包括支援センターや市区町村の福祉窓口・消費生活センターなどを指します）に相談するタイミングは、いつが適切なのでしょうか。

ずばり、**相談するのであれば「今すぐに」「まずは親ではなく子が相談」**です。

地域の民生委員※2さんやケアマネジャー※3さんが、親本人と知り合いというケースも珍しくなく、「自分の恥を他人に話したくない」などと思い、抵抗することも多いのです。

そのため、**まずは家族が地域包括支援センターなどに先に相談して、そのあとに本人が主体的に相談するような「流れ」を作ってあげるのがベターです。**

消費生活センターに相談する際も、商品や購入の際に受け取った書類などを見て、どのような契約になっていたのか確認できるとフォローができていいでしょう。

基本的に、詐欺でなければ警察の管轄ではありませんが、電話での振込誘導や押し買いなどの特殊詐欺だと思われる場合は、最寄りの警察署に相談を。

また病院を受診する際は「最近は早期の認知症によく効くいい薬があるから、ごく軽い時期に早めに認知症外来を一度受診するといいらしいよ。悪くなってからでは遅いらしいから」などという言葉がけが有効です。

**間違っても「物忘れがひどいから早く受診してよ」などと言ってはいけません。**

親本人も、いろいろとわからないことが増えてきて不安であることは確かですし、認知症になったからと言って、突然に人格が変わるわけではありません。落ち着いて話せるような、静かな環境を作ると、気持ちを表現できる場合があります。

**認知症は、「今の私たちもそうなる確率が少なからずあること」を忘れずにいたいものです。**

## 用語解説

※1 **要介護認定**……介護サービスの必要度(どれくらい介護のサービスを行なう必要があるか)を判断するもの。従って、その人の病気の重さと要介護度の高さとが一致しない場合がある。

※2 **民生委員**……厚生労働大臣から委嘱され、それぞれの地域において常に住民の立場に立って相談に応じ、必要な援助を行ない社会福祉の増進に努める。「児童委員」を兼ねている。任期は三年。無報酬ボランティアである。

※3 **ケアマネジャー**……介護を受ける人のために介護の方針を定め、サービスの内容・費用などの計画を立ててくれる専門家。しかし、基本的にお金の預かりや管理はできない。介護支援専門員。「ケアマネ」ともいう。

## しんどい！劇場　親の健康のことで、しんどい！　CASE 2

＃昔から大食いの母　＃最近は食欲不振
＃下着には血痕　＃後悔先に立たず

## CASE 2

# 大食漢だった母が異常な激痩せ！見落としていた病気と、その末路は

僕はヨシノブ、五十九歳、青森在住。

妻キヨミと、ミニチュアダックスのクロと、駅近くの小さなマンションに住んでいる。

定年まであとわずか。三人の子どもたちは独立したし、住宅ローンも終わった。

オヤジが三年前に亡くなって、少しばかりの遺産をもらったこともあり、贅沢しなければ、まあなんとか死ぬまで夫婦で暮らせるだろうと思っている。

**八十二歳になる母は、隣町の戸建てに一人で住んでいる。よく食べ、ちょっと太りすぎているが、割と元気。**基本的には自分のことは自分でする人だから、そんなに頻繁には会わない。

妻のキヨミはかなり年下で、まだ四十代だ。もともと母とは家事や育児のやり方が合わないとかで、折り合いがいいとは言えないので、それくらいの距離感でちょうどいいだろうと思っている。

それでも、キヨミは買い物ついでに母のところに行って声をかけてくれて、米や水などの重い物や、調味料など足りないものを買ってきてくれているので感謝している。

そんなある日のこと。

キヨミが**「お義母さん、なんか最近すごく痩せてきた気がする」**と言い出した。

「そうか？　母さんは、もともと太っているから少し痩せてちょうどいいよ」

「でも、ちょっと異常よ。あなた、全然気づかなかったの？　水ばかり飲んでいるし、**糖尿病とかじゃないかしら。**一度、病院で診てもらったほうが。お義母さんが病院嫌いなのは知っているけれど、何か悪い病気とかだったら困るわよ。痩せたのはいいけれど、あれじゃ、痩せすぎよ」
「うん、それもそうだな。ありがとう。週末にでも様子見に行ってくるわ」

母は、僕が物心つくころから、とても太っていた。
身長も当時の女性にしては大きくて、一六七センチはあったと思う。
僕の身長が一六八センチなので、ほとんど同じ。
けれど、最近は背が縮んだように見えるし、少し小さくなったようにも見える。

**たまには母さんの顔を見に、実家に行くとするか……。**
手ぶらじゃなんだし、今度の週末は饅でも買っていくか。

日曜のお昼近く、クロの散歩がてら僕は隣町まで歩き、饅重を買って実家へと向かった。

「母さん、久しぶり」

「あらヨシノブ、クロも一緒ね。珍しい。どうしたの？」

「うん、たまには親孝行をと思って。駅前で鰻重買ってきた」

「あら、今日は雪降るわね」

「何だよそれ、いつも優しい息子に向かって。ほら、まだ焼きたてだからあったかいうちに食おうよ。最近、調子どう？」

クロは母さんのことが好きで、喜んで膝の上に乗っている。


久しぶりに母をじっくり見てみた。

確かにキヨミが言うように、以前よりもかなり痩せたなあ。

**着ている服から出ている手首はかなりほっそりして見えるし、顔も小さくなっているようだ。**でも厚手のセーターにズボン、それにダウンベストを着ていて、よくわからない。

「あら、鰻なんてうれしい。久しぶりだわ、ありがとう。最近の調子？　別に変わんないわよ。そりゃね、もう八十超えているのよ。それなりに年取ってきたら、大半の年寄りはみんな痩せていくでしょ」

クロが食卓の鰻を狙って、クーンクーンと鼻を鳴らす。

「ちょっとクロ、あなたには鰻あげられないわよ」

クロは母にたしなめられ、ちょっと恨めしそうな顔をした。

「そうとも限らないだろう。母さん、しばらく健康診断も受けていないだろうし。一度、病院行ってみようよ。クロもそう思っていると思うよ」

「クーン」

「うーん。クロがそう言うなら、仕方ないわね。そのうちね」

母はそう笑いながら、大好物の鰻をほとんど残して冷蔵庫に入れようとしている。

**「母さん、あんまり食欲ないの？　痩せたよね」**

「うん、そんなに一度に食べられないわよ」

「前は、ご飯お代わりしていたじゃないか」

「そんなの、昔の話よ。それに、少し痩せろとヨシノブも前に言っていたじゃない」

「痩せるのも限度があるでしょう？　病院行って何もなければそれでいいし」

明らかに食欲がない様子だ。

痩せたってことは、消化器内科かな？　糖尿病？　胃がんとかなのかな。

**近所の病院で一度検査をしてもらおう。胃カメラがいいかな……。**

早速、仕事を休んで近くの病院に付き添い。一通りの診察と採血、胃カメラをしてもらう。

**「胃にポリープはありますが、他に大きな異常はありません。**念のため腫瘍《しゅよう》[※1]マーカーを見るために血液検査をしておきましょう」

「ほら、ごらんなさい、どこも悪くないわ」と、母親は得意げだ。

「しかし、以前の体重から三十キロも痩せているのが気になります。えーと、前回の受診は、三年前ですね」

え？　そんなに痩せていたのか？　三年前といえば、オヤジが亡くなった頃か。

確かに、病院で検査着に着替えた母親は、かなり身体が細くなっている印象だ。

少し痩せたとは思っていたけれど、普段は厚着していたから、ここまで痩せ細っていたのか。まったく気づかなかった。

その日はそれで帰宅したが、**後日病院から電話があり「すぐ受診してください」とのこと。**慌ててまた仕事を休んで、付き添い。いい加減休みづらいが、介護休暇を取るほどでもない。

**「腫瘍マーカーであるCEA**[※2]**という数値がかなり高いです」**と言われる。

「それは、がん、ということでしょうか」

「血液検査だけでは確定診断はできません、大腸検査をしましょう。外来でもできますが年齢的なこともありますし、もっと詳しい検査をするためにも、とりあえず一泊だけ入院しましょうか」

「お願いします」と僕が言ったが、それにかぶせるように母が「そんなの嫌よ。単に痩せただけで、どこも痛くないのよ。入院なんて嫌よ」と言い張る。

「そうですか。すみませんが、**ご本人が拒否している以上、病院としては無理に入院させられないですね……。**ちょっとご家族で話し合ってみてください」と言われてしまった。

でもこれ、きっと「がん」だよな。……さて、どうしたものか。

母を送りがてら、実家のトイレを借りて、手を洗うのに洗面を使った。その時、たまたま洗濯機の横にあった洗濯物が目についた。

**ん？　下着に血がついている……おしっこに血が混じったのかな？　それとも、下血？**

ただ、息子にあれこれ下着のこと聞かれるのも嫌だろうな、と思いそのままにしておく。

## その一週間後、「おしっこが出ない」と母が言い出した。

さすがに何日も仕事を休めず、キヨミに付き添いを頼んで県内で一番大きな総合病院の泌尿器科を受診。体調があまりよくなさそうで、顔もむくんでいる。

そこでの検査の結果……「膀胱がんによる水腎症」。

腎機能維持のためにも尿カテーテルを入れることになったそうだ。

膀胱がんが進行すると尿管が詰まって尿が腎盂《じんう》内にたまり、菌が繁殖して腎盂腎炎になったり腎機能障害になったりするらしい。

そこで泌尿器科の主治医から呼ばれ「これ、原発巣《げんぱつそう》（最初にがんになったところ）は、実は膀胱ではないのでは」という話になり、婦人科を受診することに。婦人科も、キヨミに付き添いを依頼した。妻の機嫌がすこぶる悪いが、仕方ない。あとから聞いたところによると「婦人科で内診をしただけで、大量の出血を起こした」とのことだった。

「おそらく、子宮がんでしょう」と医師からコメントがあったそうだ。

**一週間後。やはり病理検査の結果、子宮頸がん。**

年齢的なこともあり手術は無理と言われ、放射線治療のため入院が決まった。

この状態ではさすがの母も、大人しく入院すると周りの言うことに従っていた。

**「たぶん、性器出血を起こしていたと思われますが、息子さんやお嫁さんには恥ずかしくて言わなかったのかもしれませんね」**とのこと。

あ！　あの下着の血は、そういうことだったのか。

**そうか、もう年齢的に「婦人科は関係ない」と思い込んでしまっていた。**

最初に婦人科に受診させていたら。もっと早く健康診断を受けさせていたら。もう少し早く色々とできることがあったかもしれないのだが……。

キヨミもそうならないように、早めにそろそろ婦人科受診したほうが……。

事例からの教訓

## 親の健康状態は日頃から把握しておくこと

さて、今回のケースを読んで皆さんはどう感じたでしょうか？

「痩せてくる」「腫瘍マーカー高値」というのは、何か健康トラブルが起こっているということ自体はわかりやすいのですが、**一方で、「その原因」がなかなか特定できないことも多いものです。**

今回のケースは、転移巣である膀胱がんが先に見つかり、その後、原発巣である子宮頸がんが見つかった、というものでした。

このように、画像などで転移している臓器がわかったものの、そもそものがんが発生した原発巣がわからないというケースが、実際に全体の1％ほどみられるとのことです。

また、「がんになると痩せる」ということは何となく皆さんもご存じかと思いますが、その**痩せる理由は二つある**ということが、意外にも知られていません。

一つは、がんの治療により、胃を摘出して食べられなくなった、ないし抗がん剤の副作用による吐き気や口内炎などで食べられなくなってしまうケース。

もう一つは、がん悪液質によりがん細胞から分泌される物質や炎症性サイトカインが、筋肉の減少や脂肪の分解を起こしてしまう代謝異常のため、普通に食べていても体重が減少するといったケースです。

**進行がんの患者さんの多くは「食べられなくて痩せる」と「食べていても痩せる」が混在している**のです。

会社員や公務員、また、その扶養家族であれば毎年無料で健康診断が受けられるので、習慣的に受けられていたことでしょうが、その後は案内は来るものの、それは強制ではないため「どこも悪くないから行かない」という人も結構多いものです。

今回のケースでは、がんの可能性を指摘され「確定診断が怖い」と入院を拒否してしまったかもしれません。

特に、**親世代で配偶者を亡くして一人暮らしになると「痩せた」「食欲がない」などの健康状態の異常に周囲の人間が気づくことが遅れがちになります。**

具体的な対処法については、次で説明します。

## ▼相談するタイミング・具体的な方法

**相談するタイミングとしては「親の身体の異常に気づいた時」に「かかりつけの病院に相談」。そして「介護保険の申請をする」**[※3]という流れです。

今回はお嫁さんであるキヨミが「痩せた」ことを気づいてくれたのがきっかけでしたね。それは、実の息子より嫁のほうが買い物などを手伝ってくれていたので普段の様子がわかっていたから、でした。

親本人からすると「そもそも太っていたので多少痩せても気にならない」ということもあるでしょうし、「逆に病気が見つかるのが怖いので検査や検診が嫌」というケースもあるでしょう。

ただし、私の経験からいくと、もともと持病のある方よりも、普段は健康だった人のほうが、少しばかり面倒です。

なぜなら、**健康に自信がある方は、病院受診の習慣がないので病院受診は不要と嫌がる**ケースが多く、かかりつけ医もいないので介護保険の申請をするための意見書をどの病院でどう書いてもらうのか、そして何よりも本人を受診させたり入院させたりするのが、やや困難なのです。

何しろ、本人は「病気」という自覚が、まったくなかったりしますから……。

そこで、**「さりげなく」健康チェックをするポイント**をお伝えします。

親に「最近、身体の調子は大丈夫？」と聞くと、たいてい「大丈夫」と答えます。それゆえ**「大丈夫？」と聞くのでは、意味がない**のです。これはＮＧです。

もう少し具体的に、

「こないだ痛いって言っていた腰の調子はどう？　コルセットとかしている？」

「最近整形外科に行っていないなら、一度画像撮ってもらおうか。来週休み取るから一緒に病院に行って帰りに買い物でも行こうか」

というように誘ってもよいでしょう。

また、遠方に住む親の健康状態を見るのに一番効果的なのは（多少のお金と時間がかかりますが）、**近くの温泉などへ一泊旅行**に行くことです。

そんなに高価なところでなくていいのです。近場の一泊二食付きへ。

**少しの時間であれば取り繕えることでも、一泊旅行だとそうはいきません。**

二十四時間一緒に過ごせば、食事、着替え、荷物の整理、トイレや睡眠はもちろん、お風呂に入る時になどちょっとした変化を見つけやすくなります。

食事であれば食欲の度合いや好き嫌いがわかりますし、着替えでは体形の変化がわかります。腕や足が動かしづらくて着替えに時間がかかるケースもあるでしょう。荷物の整理が以前のようにできなくなってしまっていることもありますし、トイレが近い、朝起きるのが早すぎる、買い物をすると支払いに一万円札ばかりを出して小銭入れがパンパンになっている……といったことにも気づけます。

一緒に歩いていても歩くのが遅くなっていますし、段差で転びそうになったり、つい忘れ物をしてしまったりといった細かな変化をチェックしやすいのです。

また、旅行先でゆっくり話すことで、健康だけではなくお墓やお金の話もしやすいでしょう。お孫さんを連れて行ってもいいかもしれませんね。

**なかなか忙しくてそんな時間がない、という方でも、ぜひ一緒に買い物に行く、食事をする、庭の手入れを手伝う、といった時間を取ってみてください。**

家が離れていても電話をしたり、メールをしたり、手紙を書いたり、少しの工夫でできることはいくらでもあります。

自分の住所を印刷したハガキを親御さんにたくさん渡して「気が向いた時にハガキを書いて出して」と伝えるのもお勧めです。

ハガキを宛名から書くのはなかなか億劫ですが、それがすでに印刷されていれば、やや気軽に書くことができます。手を動かすので認知症予防にもなりますし、ハガキを投函するために出かけるので、少しは散歩という名の運動になります。

コミュニケーションをとれるうえに、一石二鳥、三鳥でしょう。

## 用語解説

※1 **腫瘍マーカー**……がんの診断の補助や、診断後の経過観察・治療の効果判定などを主な目的として腫瘍マーカーの測定を行なう検査のこと。

※2 **CEA**……腫瘍マーカーの種類の一つで、胎児の消化器組織にあるたんぱく質の一種。成人の場合、大腸がん・胃がんなどの消化器系がんや肺がん、乳がん、子宮がんで高値になる。

※3 **介護保険**……平成十二年四月からスタートした制度。市区町村が制度を運営。四十歳以上から被保険者として加入(介護保険料を毎月払う)。六十五歳以上の人は介護を必要とする状態、ないし日常生活に支援が必要な状態になった場合に要支援としてサービスが受けられる。また、四十歳から六十四歳までの人は脳血管疾患など老化が原因とされる特定疾病になった場合に該当する。現金給付ではなく介護サービスを受けられる。

# しんどい！劇場 親の健康のことで、しんどい！

CASE 3

#母が急病　#祖母は高齢　#叔父は音信不通
#私はシンママ　#四面楚歌

CASE 3

# 祖母と同居するようになった母が食べられない・眠れない問題

「アカリ、悪いけど、もうお母さん、お祖母ちゃんと住むのは限界。疲れているのか頭痛もひどいし、ちょっといろいろ手伝ってほしいから実家まで来てもらえる？」

「えっ、お母さん大丈夫なの？　わかった、週末行くようにするわ」

神奈川県の川崎に住む母から、そんな電話があったのが、つい先日のこと。

私はアカリ。四十三歳のシングルマザーで、職業は保育士。

離婚したのは五年くらい前かな。元旦那ときたら、職場の若い子を妊娠させちゃって、そっちと再婚するって……。

ありえない！

慰謝料も養育費も取り決めたのに、払ったのは最初の数回だけ……。

そっちと再婚して、「いろいろ金がかかるから払えない」って言われて。

その後は養育費を全然払ってくれないから、弁護士に相談して今は月に二万ずつをかろうじて振り込んでもらっている。でもそんな金額じゃ人を一人育てるのに足りるわけもなく、それで専業主婦だった私も一念発起して、ハローワークに通って若い子に混ざって保育士免許を取った。

まずはパートで働いて、去年からようやく正社員になった、というわけ。

小さい子どもは昔から好きだし、仕事は子どもたちの抱っこ抱っこで腰にくるから大変だけれど、子どもたちがかわいくて天職だなって。

今は横浜市内の古いアパートで、高三の娘サエと二人暮らしだけれど、娘も春から地元の信用金庫に就職が決まって、少しは楽になるかしら。家にお金を入れてくれるって言っていたし、少し落ち着いて暮らせるといいな……。

**あ、えーと私のことはともかく。今日は、私の実母の話ね。**

ちょっと話があちこちに行って複雑なのだけれど、聞いてもらえますか?

電話してきた母は七十三歳。自宅で翻訳の仕事をしていて、まだまだ現役。

こちらもまた、私と同じくシングルマザー。

ひとつ違うのは、私のように「離婚」ではなくて、私を産んだ時がいわゆる「未婚の母」というやつ。今でこそ珍しくないけれど、当時はかなりレアケースだったよう。

そんな時代だったから、実の親とは相当揉めたようで、私も滅多に祖父母に会うことがなかった。母には「私の本当の父親は誰なのか」と聞いたことがあるけれど

「もうとっくにあの世にいったのよ」と、そればかり。

そんな母は中古の分譲マンションに猫二匹と住んでいたのだけど、**つい最近「ずっと疎遠だった父が亡くなったので、九十三歳の母を引き取って面倒を見る」という話が降って湧いてきた。**

もう、驚いちゃった！

もともと祖父母は愛知県の名古屋出身で、それまでは老夫婦が何とか二人で近くの親戚に見守られながら暮らしていたとのこと。住んでいた家は借家で老朽化していて、そのうえ賃料も滞納していた結果、立ち退きを要求されたらしい。

そのタイミングで祖母を施設に入れることも考えたけれど、祖母本人が嫌がってしまい……。

年齢的にも「これ以上の一人暮らしは無理でしょう」という話になって、名古屋から娘が住む川崎に出てきた、という流れみたい。

母は、二十歳で私を授かってからは、実家とはずっと疎遠。

かなりの歳月、音信不通だったのだけれど、そんな連絡が親戚筋からあって、さすがに自分の親のことをずっと無視しているわけにもいかない。叔母たちからあれこれ言われて、**しぶしぶ親との付き合いを再開した、**というのが実情らしい。


あんなに毛嫌いしていて、「死んでも会いたくない！」って言っていた母親と何十年ぶりかで再会して、**「いきなり同居」**ってすごいな〜と思う。

過去には色々とあったけれど「そろそろ親孝行でも」という気持ちが、もしかすると母にあったのかもしれない。


それと、**母には弟（私からすると叔父ね）もいるのだけれど、これまたバツイチでずっと海外を転々と**していて、今はイタリアで現地ツアーガイドをして暮らしているとか。

何やら借金もあるみたいで、祖父が亡くなった時も母が連絡したら「アネキ、それは大変だ。すぐ帰国するからお金送ってくれないか、ちょっと今は手持ちがなくて」というので、チケット代としてまとまった現金を叔父の銀行口座に振り込んだのに、何とその後、連絡がつかなくなってしまい……。

こっちから電話して、ようやく繋がったと思ったら「仕事が忙しくて行けない」「そのうち帰国するから」「ちょっと体調が」と、言い訳のオンパレード。……要は嘘つきなのよね、この叔父さん。

そんなわけで、**実母とその叔父は、以前から仲がすこぶる悪い。**

今回も祖母の件があったので私から連絡すると「あっ、アカリちゃんか。うんうん、状況はわかった。でも俺しばらく日本に帰国とか無理だから。悪いけど任せるわ！　こっちは元気でやっているからさ。アネキによろしく伝えて。ばあさんにも心配しないでと伝えて」って。

「任せる」じゃない！　「お願いします」の間違いでしょうが！

そして、誰もあなたなんかの心配はしてないですから！


そんなわけで、**叔父は介護に関して、何の役にも立たない。**

で、私も久しぶりに実母に会って驚いた。

**……えっ！　すっかり痩せて、何だか顔色も悪い気がするのだけれど……。**どちらかというと太めで実年齢より若く見えるタイプだったのに。

「お母さん、大丈夫？　ちょっと見ないうちにすごく痩せてない？」

「あー、大丈夫よ！　**こないだお風呂で滑ってうっかり転んじゃって……。**それから何だか調子がイマイチなのよ。少し痩せたほうがちょうどいいわよ」

「えー、大丈夫なの？」

「大丈夫よ。ちょっと頭を打ってたんこぶができて焦ったけど、今は腫れも引いたし。嫌ね、年を取るって」

「気をつけてよー、骨だってもろくなっているし、骨折とかしたら大変よ」

「はいはい、そうね、気をつけますよ。そうだアカリ、コーヒーでいい？」

「うん、ありがと」


祖母はリビングの隣の和室に、ベッドを入れて過ごしていた。

「あら、アカリちゃん！　久しぶりだがね」

「あ、うん。おばあちゃん。何年ぶりだろう？　元気にしていた？」


久しぶりも何も、私が大人になってから初めて会ったのだけれど。

祖母は良くも悪くも、あまり気にしないタイプなのだろうな。引っ越してきて、慣れない住まいのはずなのに、すっかり我が物顔でくつろいでいる。

母は私にコーヒーを淹れようと台所に行ったのに、それをすっかり忘れて茶碗を洗っている。

のどが乾いたなー、何か冷たいもの飲みたい。

「お母さん、麦茶ある？」

と、何気なく冷蔵庫を開けて驚いた。

**牛乳が五本も！　それに、なんか臭う。**

**よく見ると、チルド室のひき肉が傷んでいる。**賞味期限の日付は二週間前だ。さらに野菜室のモヤシは液状化し、玉ねぎは芽が伸びて長ネギみたい。キャベツがキッチンの床に三つも転がっている。

えーっ？　普段のお母さんって、お肉はラップに包んでジッパー付き袋に入れて、日付も書いて冷凍庫でしっかり小分けして……と、かなりマメに管理する人のはずなのに。

おばあちゃんが続けて話しかけてくる。

「アカリちゃん、いつまでここにおるの？」

「うん、娘も待っているし、明るいうちに帰るわ。そうだ、サエにもまだ会ったことないよね。近いうちにここに連れてくるね」

「うん、どえりゃあ楽しみにしとるでね」

祖母と話をしながら、母に見つからないようこっそり傷んだひき肉をゴミ袋に入れる。

するとと母が、ちらっとこっちを見たかと思うと……。

**「ちょっと！　勝手に冷蔵庫のものを捨てないでくれる？」**

「お母さん、でもお肉が傷んじゃっているから、お腹を壊したら大変。捨てようよ」

「そんなのもったいない！　火を入れたらまだ食べられるから大丈夫よ。誰だって少しくらい、忘れることがあるでしょう」

「でも、キャベツだってこんなにあるし」

「違うわよ！　安かったから。あんたにあげようと買ったのよ」

「じゃ、牛乳は……」

**「だから！　勝手に冷蔵庫の中を見て文句を言うの、やめてもらえる？　全部必要なのよ！　あんたは何がしたいの？　他人の家のことにいちいち首突っ込まないでくれる？　放っておいてちょうだい！」**

「だって、お母さんが呼んだから来たのよ？　何かと大変なのかなと思って」

「アカリはもう帰っていいわ！　困って呼んだけど、うるさいだけで何の役にも立たないし。そんなならいらないわ」

「うるさい」って、人を呼びつけておいてその言い方はないでしょう。

**こっちだって、せっかくの休日に実家に来たくて来ているわけじゃないのに……。**

帰るわよ！　もう勝手にしたらいい。

「ちょっとアカリちゃん、もう帰ってまうの？」

後ろからおばあちゃんの声が聞こえたけれど、ごめん！　もう知らん。


**その数日後。仕事が終わって帰宅した矢先、スマホが鳴った。**祖母からだ。

「アカリちゃん、お母さんが倒れてな。今、市立病院におるで、すぐに来てくれんか？」

えっ！　どういうこと？

慌てて娘のサエを連れて病院に駆けつける。

先生が冷静に口を開く。

**「硬膜下血腫ですね。これから血腫を取り除く手術をします。最近、お母さんがど**

こかで転んだり、頭痛がするとか、物忘れとか、何か変わったことはなかったですか?」

あ! もしかしてお風呂で滑って転倒した話、あれか!

物忘れや体調不良は、そのせいだったのか……。

これから、どうしよう。そうだ、叔父さんに電話してみよう!

しかし「おかけになった番号は、現在使われておりません」のアナウンスが。

えっ、電話番号を変えちゃったの? こっちに何の連絡もないけど!

……いや、それよりお母さんの容態は? 祖母をどうすれば? 私の仕事は?

そしてもう、私の周りの男どもときたら……。

叔父さんに、どうやって連絡したらいいの?

事例からの
教訓

## 何でも年の順番とは限らない！
## 身内を頼るより、頼れる福祉へ

今回のケースですと、母は親の面倒を見ようと善意で祖母を引き取ったものの、「他人さまには迷惑をかけたくない」というその一心で福祉を利用せず同居していました。その間に、母本人も病気が原因で判断能力が落ちてしまい、最後には倒れてしまったのです。

祖母本人は、年相応の物忘れはあるものの、このやりとりで察するに、それほど大きな問題はなく過ごしている様子ですね。

介護では、日本と海外の比較がよく話題に上ります。しかし、そもそも平均寿命が八十歳以下の国であれば、介護という「概念」が存在しないことも多いのです。

**老老介護に限ったことではありませんが、必ずしも年長者が先に逝くとは限りません。**

今回のケースでは、唯一の男性の親戚である叔父さんには電話がつながりませんでした。しかし、そもそもつながったところで、金を使い込むような親戚は、介護においてもあてになりません。

万一のことがあってからでは遅いので、今できることとしては叔父さんが住むイタリアの自宅住所に連絡をよこすよう手紙を送ったりしつつ、病院など各関係者と連携して、**今使える福祉を知り、その手続きをするほかありません。**

## ▼対処の基本方針

繰り返しになりますが「**独りで抱え込まないこと**」です。

そして「**身内をむやみに頼らず、福祉を上手に利用すること**」が基本方針です。

もちろん家族が協力的であれば頼ってもよいかと思いますが、共倒れになるケースが非常に多いのも事実です。「**介護離職」は精神的にも経済的にも破綻しかねませんので、お勧めしません。**

筆者自身の話をすると、実母に介護が必要になった時に「もう離職しかない！」と一度退職を決心しました。

しかしある人から、「介護離職の前にやれることとして、介護休業を利用するべき」と勧められ、退職願を撤回したのです。介護休暇は一般的に九十三日までとされていますが、私が当時勤めていた企業は両立支援が充実しており、要介護者一名につき休業開始から通算七百三十日取得可能でした。おかげでその間に介護認定を行ない、施設を探すなど状況を立て直し、無事に職場へ完全復帰できました。

もちろん状況は人それぞれなので、皆が皆、その制度を使える環境ではないこともあるでしょう。

しかし、もし会社勤めをされているのであれば、介護休業は育児休業などと同じく**厚生労働省で決められた労働者のための制度**ですから、まずは利用して時間を取って対応する、という方法があることを頭に入れておくとよいでしょう。

個人的には、親の介護のために会社を退職するのは「最後の手段」だと思っています。**介護離職の果てに自己破産**などというニュースを聞くたびに、「離職以外の方法」をまずは模索することが必要だと強く感じます。

## ▼相談するタイミング・具体的な方法

今回のケースですと、相談すべきタイミングが二つあります。

まずは、**実母が祖母と同居したタイミングで、お住まいの地域の福祉課か地域包括支援センターを一度利用して介護認定の申し出を行ない、使えるサービスがないかを検討するのです。**

もう一つは、**実母が病院に入院したタイミングで、医療ソーシャルワーカー**[※1]**を利用して各方面と連携する手伝いをしてもらうこと**です。

たとえば、医療ソーシャルワーカー[※1]がグループホーム[※2]を紹介してくれたり、各自治体で使える制度を教えてくれたりすることもあります。

基本的に手続きは家族が直接行ないますが、場合によっては代行してそれぞれの施設や病院に電話連絡してくれるところもあります。

今回のケースでは、祖母だけではなく母の介護保険の申請なども視野に入れて、アカリが介護休業を取得し、**家族が共倒れしないケアプラン（介護サービス計画）**を組む、といった具体的なアクションが必要かと思います。

また、地元が遠方にあり、飛行機に乗って帰省するようなケースでも、日本航空、全日空、スターフライヤー、ソラシドエアの四社は**飛行機運賃に介護割引を設定しています。**制度は各社で多少異なりますが、三割から四割ほどの割引がありますので、そうしたサービスを上手に使うことをお勧めします。

## 用語解説

※1 **医療ソーシャルワーカー**……社会福祉士や精神保健福祉士などの国家資格取得者の総称としてソーシャルワーカーという呼称があり、そのなかでも医療機関で働いている人たちのことをそう呼ぶ。MSW（メディカルソーシャルワーカーの略）と表記されることもある。

※2 **グループホーム**……この事例の場合は認知症（急性期を除く）の高齢者が共同生活住居で家庭的な環境と地域住民との交流のもとスタッフの協力を得ながら暮らす認知症グループホーム。ちなみに、障害者（身体障害・精神障害・知的障害）向けの共同生活住居を「障害者グループホーム」と呼ぶこともある。

# 4章

# 「兄弟姉妹のことで、しんどい！」

## 事例と対策

だいたい俺が精神疾患になったのも親のせいだからな！
親が一生俺の面倒を見るのは当然だ！
CASE 1

母さんの遺産はアネキが相続するみたいだけど…父さんはいいの？
いいんだよ
でも…
姉（自称・家事手伝い）
CASE 2

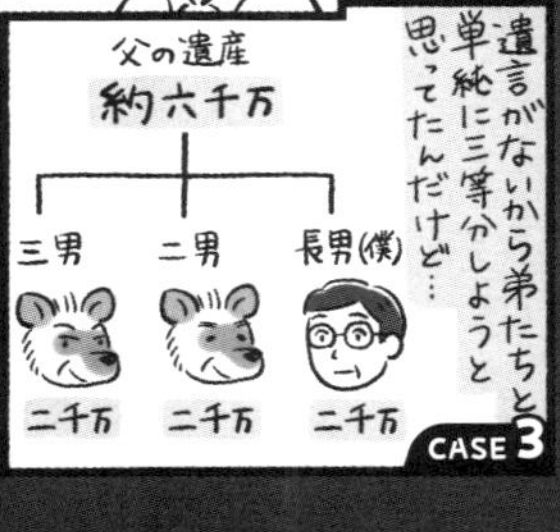

遺言がないから弟たちと単純に三等分しようと思ってたんだけど…
父の遺産
約六千万
三男
二男
長男（僕）
二千万
二千万
二千万
CASE 3

## しんどい！劇場　兄弟姉妹のことで、しんどい！　CASE 1

#家の名義　#いつのまにか兄単独!?
#精神疾患の兄　#兄に言いなりの母

CASE 1

# 兄が精神疾患で引きこもり知らぬ間に家の名義が……

俺、ジロウ。四十歳。都内で一人暮らし、普通の会社員。

実家には若い頃に精神疾患になり、引きこもり状態の兄、ハジメがいる。

去年、父親が亡くなってね、「十か月以内に相続税の手続きをしてください」って父の知り合いのヤマダ税理士に言われていたのを思い出して帰省したってわけ。

父の葬式の時に母と兄と話して、実家は母の名義にするって決めてたからね。

手続きのリミットにはまだ三か月ほどあるけれど、仕事の休みが取れたし、こういうのは早いほうがいいよね。

仙台にある実家に行くのはいつ以来かな。東京から二時間かかるし。

あれ？　いまふと思い出したけれど、前回実家に行ったのっていつだっけ？　父さん死んだすぐあとかな？

その時、母さんから「印鑑証明取ってきて。その印鑑持ってきて」って言われて、兄さんもなんかゴチャゴチャ言ってて。

俺、仕事忙しかったからさっさとサインしてハンコ押して帰ってきたんだよね。

あれって何だったんだろう？　ま、いっか。

「ただいまー」

**リビングに入ると、ちょうど母が財布から一万円札を数枚、兄に渡すところだった。**

「あら、おかえり」

母が俺に気づいて、急いで財布をしまっている。

「ただいま……その金どうしたの？」

思わずそう声をかけると、兄がそれを遮るようにこう言った。

「何だ、ジロウ。来ていたのか。お前には関係ないだろ。**俺は母さんの買い物とか通院付き添いとかで、車のガソリン代を含めていろいろ金がいるんだよ。その金をもらって何が悪い！**　お前なんて何にも実家の手伝いしていないだろうが」


「兄さん、関係ないも何も『どうしたのかな』って普通に聞いただけなんだけど」

「うるさいな！　お前が来ると、家の空気悪くなるんだよ」

「いや、用があるから帰ってきただけなんだけど」

昔から兄は俺のことをバカにして、本当に嫌な思いばかりさせられてきた。


母が途中で口を挟む。

「はいはい、二人とも子どもみたいなケンカはその辺でやめてちょうだい」

「母さん、頭の悪い弟が余計なこと言うから、こっちは言い返しただけだろうが。

ほんと邪魔！　**だから大学も行ってないようなヤツとは話したくないんだよな」**

兄はその現金をポケットにねじ込み、二階の自室に戻ってしまった。

「少し甘やかしすぎたかしらね……。ハジメは小さい時から身体が弱かったから」

母さんは、大きなため息をついた。

母さん、少しどころか、大いに甘やかしすぎだよ！

兄の身体が弱かったって？　そんな記憶、俺にはないよ。

確かに兄は地元の有名な国立大学に入学したものの、**十九歳のときに統合失調症**[※1]**になって、結局大学は中退してしまった。**そこからは一度もまともな定職に就いたことがない。

**普段から幻聴や幻覚に悩まされている。病院の薬である程度はコントロールできるものの、薬をきちんと飲まないと一気に悪化することもある。**

部屋にずっと引きこもって、ある時は家庭内暴力のために警察沙汰になったこともあった。

兄は大学時代、父親の知り合いの司法書士事務所でアルバイトをしていたことがある。しかし、そこでもさっきのような調子で**他人に対して偉そうな口をきくものだから人間関係がうまくいかず**、三か月ほど働いたところで精神のバランスを崩して、入院してしまった。

この入院の時点で統合失調症を発症している。

プライドだけは高いので、どこにいっても馴染めない。友達も当然いない。

母親は、少しでも自立できるようにとずっと兄をフォローしていたが、まったく言うことを聞かない。**父親がいたあいだはまだおとなしく部屋にこもっていたものの、父親が亡くなってからは母親に金を無心するようになった。**そして母親がお金を渡さないと、暴れるようになった。

普段は家でゲームをしたり、動画を見たりして過ごしているらしい。

さっきの万札も、おそらく兄が暴れて金をせびったのだろう。家庭内暴力だ。

**俺はそんな精神疾患の兄が嫌になって、高校から県外に出て寮生活を送り、そのまま高卒で就職した。**

結婚はせずに、この年まで独身で通してきた。実は俺も若い頃、彼女がいた時期もあった。兄の精神疾患のことを彼女に言い出せずに、結婚を迫られてもいい返事ができないまま、関係が自然消滅してしまったこともあった。

そんなことを思い出していると、母さんが話しかけてきた。

「今度は母さんが死んだ時の準備をしておかないとね。ハジメとジロウでケンカしないで仲良く分けてね？」

え？　あの兄さんと仲良くなんてやれるわけがない。今から気が重い……。

「そんなこと言うなよ、母さん。父さんの分まで長生きしてほしいよ」

「だってもういい年なのよ？　何があるかわからないじゃない。息子が二人とも結婚していないし、母さん、いろいろ心配だわ……。**父さんの時の手続きはハジメがやってくれたからいいけど、**あなたたち折り合いが悪いから。遺言でも書いておこうかと思っているのよ」

「ふーん」


そんなやりとりをしたところで、ふと違和感が湧いた。

あれ？　今日、俺が相続手続きしに来たのに？


「母さん。『父さんの相続手続きは兄さんがやった』て、どういうこと？」

「そのままよ。ハジメが全部手続きしてくれたって話」

「あれ？　母さん何言ってんの？　まだ父さんの相続手続き終わってないでしょ。俺、今日はその手続きのために来たんだよ。早いほうがいいかなって」

「そうなの？　母さん、そういう難しいことよくわかんないわ」

兄に問いただそうと電話してみたが、俺だとわかるからなのか、出ない。

**こんな兄さんと「仲良く分けてね」って。母さんには悪いけど、それムリな話だわ。**

「名義を変更したあとの権利書、いや今は登記識別情報通知[※2]っていうんだっけ。母さん、この家のどこにある？」

「わからないわ。ハジメが持っているのかしら？」

母と二人で兄さんの部屋に行くと、カギがかかっていた。

あ、そうだ。法務局で不動産の情報が取れるって前に聞いたことがある。

幸いにも家のすぐそばに法務局がある。よし、向かおう。

……ところが、である。そこで驚くべき事実が発覚した。

**実家の登記事項証明書を取ってみたら、名義が父から母でなく、兄の単独名義に変更されていたのだ！**　何だよ、これ。

**さらには、帰宅してふとゴミ箱を見ると、父名義の通帳が。中身に目をやると、なんと残高がゼロ！**

母に聞いてみた。

「母さん！　法務局で登記事項証明書を取ってみたら、所有者が父さんから母さんじゃなくて、兄さんに変更されているよ！　いったいどういうことなの？　それに、父さんの通帳見つけたわ。口座からお金引き出されているけど」

「どういうことって？」

母さんが不思議そうな顔をして登記事項証明書と通帳のページに目を通している。

「いや、今言ったそのままだよ！　登記事項証明書を見たら、父さんが亡くなったそのすぐあとに、母さんでなく兄さんに変更になっていたんだよ。それに、口座も……」

「母さんにもどうしてそうなっているのか、わからないわよ」

どうやら、兄は相続登記に必要なウソの書類一式を作り、それを母に渡して俺にも書かせ、それを使って**実家の名義を自分のものに書き換えてしまったようだ。**

さらに、口座については父親が亡くなる前にお金を下ろし、お金を使い続けていた様子。

葬式の時には、兄さんと母さんと三人で「実家は母さん一人の単独名義にしよう。母さんにもしものことがあったら、実家を売って兄弟で折半にすればいいよね」と話していたのに……。

**何の疑問も持たなかった。**

**すっかり油断していて、兄さんに騙されたのだ。**

「兄さんのやったことは、詐欺じゃないか！」

**「フン、俺は長男だからな。そもそも、そういう権利があるんだよ」**

「何言ってるんだ！　大昔の家長制じゃあるまいし、そんな言いぐさはないだろう！　父さんが死んだあと、兄さんが俺と母さんにウソの書類渡して書かせて。詐欺だよ、詐欺！」

「なんだ、人聞きの悪い。騙してなんかいない。ちゃんと説明したぞ？　お前、印鑑押してサインしていたじゃないか。そもそも書類をちゃんと読まなかったお前が悪いんだよ。死んだ父さんだって、長男だろう？　ここの土地だって先祖代々受け継いできた土地だ。長男が引き継ぐって決まっているし、父さんから生前そう言われたんだ。どうせ母さんが相続しても、亡くなったら長男である俺のものだからな！　母さんも『それでいい』って言っていた。だから手続きしておいただけだ。身内に対して、詐欺とか変なこと言うなよな。お前には説明したはずだ」

「そんな説明は受けてないよ！　俺は母さんに言われたとおりに印鑑証明書を持ってきて、言われるがままに書類にサインをしただけで……」

「フン、じゃあそれ証明してみろよ。俺が詐欺をしたなんて証拠あるのか？　それに、俺は母さんの面倒を見ているんだ！　何もしていないお前に渡す家も金もない」

兄が言っていることの意味がわからない。

「いや、そういう問題じゃないよ。今はそういう時代じゃないんだから。ちゃんと母さんに半分、俺と兄さんでそれをさらに半分にして受け取るって、法律で決まってるんだよ。ねえ、母さん何とか言ってよ」

ふと母さんの顔を見たら、下を向いて黙ったままだ。

兄さんがニヤニヤ笑いながら、言葉を続ける。

「ジロウ、お前もしかしてお金に困っているのか？　だったら少し分けてやるよ。十万もあればいいだろう？　口座の残高？　お金が減っているのは全部、母さんの生活費のためだ。だから問題ないだろう。**なんたって俺は司法書士事務所で働いていたからな！　こういうことには詳しいんだ。それに、俺がこんな病気になったのは親のせいだからな！　だから親が一生、俺の面倒を見るのは当然だ。**俺は母さんの面倒を見てやっているんだから、いろんな意味で俺が管理するのが当たり前なんだよ」

「いや、だって」

「うるさいな！　手続きはすべて終わってんだ」

「え⁉　そんなの俺、聞いてないよ！　兄さん」
「とにかく、お前がやることは何もないから。じゃあな」

兄さんは自分の部屋の中へとこもってしまった。

「ジロウ、大丈夫よ。家の名義はハジメにはちゃんと変更してもらうから。今日のところは家に帰るといいわ。疲れたでしょう？　帰って休みなさいよ。ハジメの機嫌が悪くなったらお母さんが困るのよ。わかるでしょう？　もう帰ってちょうだい」

**母は兄が暴力をふるったりするのが怖くて、基本、言いなりなのだろう。**
そういえば、よく見ると、母の腕や足にはアザがあった。
**「転んだのよ」と笑っていたが、あれはどう見ても虐待の痕じゃないか……。**

帰宅してから、父が親しかった税理士のヤマダ先生に電話してみた。

「おや、亡くなって三か月後くらいにハジメさんが来て、**相続手続きはとっくに終わっていますよ。**ジロウさんのサインや印鑑も揃っておりましたし、すべて委任状と書類で手続き済みです」

俺は騙されたのか……。警察に行くしかないのか？

母は兄の言いなりだし、いったいどうしたらいいのだろう。

事例からの
## 教訓
# 身内とはいえ、実印や重要書類のやりとりで油断してはいけない

さて、今回のケースを読んで皆さんはどう感じたでしょうか？

長男であるハジメが司法書士事務所でアルバイトを経験していたことから、相続についての手続きなどの知識が多少なりともあったために起こった出来事でした。

相続不動産の登記名義の変更には、一般的には遺産分割協議書と、相続人全員の印鑑証明書と、その印鑑が押してある書類に本人のサイン、委任状などが必要となります。

**ただし、手続きに必要な書類が揃っていれば、手続き自体は済んでしまいます。**

仮に「それはよく読まずにサインをした、無効だ！　取り消したい！」としても、それはそのサインした人がその書類に記載の内容に合意すると意思表示をし、責任

を負う、というルールがあります。

**法務局からいちいち個別の相続人に対して、「その手続きを本当に理解しているか」等の確認の電話などが入るわけではありません。**

書類さえ問題なく揃っていれば、登記名義の変更が完了してしまうわけです。

## ▼対処の基本方針

通常、他人が作成した書類に何も考えずにサインして印鑑を押す、といったことはしないものです。

しかし人間、家族だとついつい油断してしまいがちです。

今回のケースでは、母親からの（正確にはハジメが作成した）**書類をよく読まずに理解しないままサインしてしまったことがトラブルの直接的な原因**になりました。

身内だとついついお任せしがちですが、あとからいくら口頭で「騙された」と言っても、それを証明するものがありません。

長男（兄のハジメ）がいくら精神疾患を抱えているとはいえ、たいへん悪質なケースです。しかし、ジロウや母本人がよく見ないで手続き書類に印鑑とサインをしてしまっている以上は、解決が難しいです。

## ▼相談するタイミング・具体的な方法

専門家に相談するタイミングは、今回のケースでは**「遺産分割等の書類がわからなければ印鑑やサインする前に」**です。書類の内容説明に関しては司法書士、行政書士、弁護士へ。

トラブルに関しては基本的には弁護士一択になります。弁護士資格のない人が紛争解決手続きに関わると、「非弁行為」と言って、弁護士資格を持っている者しか行なってはいけないと法律で定められている行為（他人の揉め事に首を突っ込んで報酬を得ることなど）にあたる可能性があるからです。

多少なりとも親に遺産がある人、再婚などで権利関係が複雑になっている人、また、知的障害や認知症・精神疾患がある場合などは判断能力を問われることもあります。

**「親に万一のことがある前」に一度、専門家に相談しておく**と、どう遺産を分けるのか、その際の注意点などを事前に把握できるので安心です。

大切なことは、たとえ相手が身内であっても、書類にサインや捺印する際は**「内容をきちんと確認する」「わからないことは一旦保留して、第三者である専門家に確認」「印鑑証明カードや実印は安易に人に貸さない」、これが鉄則です。**

そして、**手続きに関して少しでも「これはおかしい」と思った時はあきらめずに専門家に相談をしましょう。**

専門家の力を借りることで、遺産分割協議の進め方を相談したり、話し合いが難しい場合には間に入って交渉してくれたり、裁判所に対して状況に応じた手続きを行なう手助けをしてくれます。

なお、裁判になった際に注意したいのは、裁判は権利を主張する側に**立証責任**（平たく言うと、証拠があるか？　あるとしたら裁判を申し出た側がその用意をしないといけないこと）があるのです。

いくら**正しいことを主張しても、単にそれを「主張」しているだけでは客観的に認められず、裁判に負けてしまうこともあります**。

今回のケースでは長男に精神疾患があり、母親も長男にある意味でマインドコントロールされていたため、長男に対して意見が言えない状態に陥っています。いわゆる**共依存**という状態です。

このような状況では、場合によっては母親と長男の別居も視野に入れて動いたほうがよいでしょう。

家族間の痛ましい殺人事件が報道されることがあります。

家庭内という「密室」での困りごとは、外部の人間にはわからないように隠ぺいされていることが多いのです。そしていざ表に出た時には、極端に悪い結果に陥りがちです。

一般的には、**家族間だけで話し合いをすると感情でこじれる**ケースが多いです。冷静な話し合いができるよう、専門家などの第三者を入れることが大切です。

# 用語解説

※1 **統合失調症**……精神疾患の一つ。考えや気持ちがまとまらなくなる状態が続く。約百人に一人がかかるといわれ、思春期に発症しやすい。

※2 **登記識別情報通知**……登記名義人であることを証明する書類。従来の登記済権利証に代わるもので、土地や建物の登記名義人に対して発行される。

## しんどい！劇場　兄弟姉妹のことで、しんどい！　CASE 2

#自称家事手伝いの姉　#親の面倒見ていると豪語
#実はその逆　#母亡くなりゴミ屋敷化

CASE 2

# 「自称・家事手伝い」のパラサイト女 親が亡くなって問題が表面化

俺はシンゴ、四十八歳。高知県在住。

今日はうちの実家の姉についてなんだけれど、相談に乗ってもらえます?

姉の名前はチエ。五十歳。

**うちの姉はちょっと前に話題になった、いわゆる「子ども部屋おじさん」ならぬ「子ども部屋おばさん」なんだよね。**

姉は小さい頃から、非常に出来がよかった。「末は博士か大臣か」なんて、親戚たちからもよく言われていたものだ。

それに引き換え、俺は勉強があまり得意ではなく、「名前を書けば受かる」という高校へ。卒業後は、何社も就職を断られた末にようやく車のディーラーの営業職に就いた。

**姉と比較されるから実家にいるのが嫌で、さっさと他県にある社員寮に入った。**

この業界、昔は結構ブラックで、契約が取れないと休みなんてないも同然。定休日も自宅から客先に通っていたくらいだ。

当時のノルマは大変だったけれど、コツコツと地道に仕事をしてきたのを評価されたのか、社長に気に入られて、今では一応、役員にまで出世した。

婚期は逃してしまって、いまだに独身だけどね。付き合っている女性はいて、ひと回り年下のバツイチの女性なんだ。

ウチの会社と付き合いがある税理士事務所の事務員をしていて、俺が役員になってから該当する事務に関わる機会が増えて、それが出会いのきっかけというわけ。

でも、実家の姉のことを考えると、彼女との結婚も言い出せなくて……。姉にもし彼女のことを知られたら、何を言われるかわかったものじゃない。**姉のいる所に、彼女を連れていくわけにはいかない。**

母に心配をかけているのはわかっているけれど、彼女を母にだけ会わせて、姉を避けるのはかなり難度が高い……。

姉は、大学時代に就職氷河期と言われた時期を過ごしていたが、「いい学校を出たのだから、就職も楽勝だ」と思っていたようだ。

しかし**プライドの高さが災いしたのか、いわゆる有名企業の面接を受けたもののことごとく落とされてしまった。**

かといって「中小企業なんて行きたくない」と卒業しても就職先が決まらず、しまいには「もっと研究したいから大学院へ行く」なんて言い出す始末だ。

しかし、大学院を修了してもなぜか就職は決まらなかった。

そんなタイミングで、母親が乳がんで入院してしまう。

**「私、お母さんの看病をしたいから就職はあとにする」**と言って、就職活動を辞めてしまった。

看病も何も、幸い、非浸潤《ひしんじゅん》がんで転移がなく、一週間ほどの入院で済んだ。それから二十年は経過しているけれど、そもそも完全看護だったし、その後も年に一度の経過観察程度で済んでいる。

**姉は母の乳がんを「仕事をしない理由」にしていたとしか思えない。**

姉はたまにバイトや派遣社員として働くものの、家にお金を入れるわけでもない。「家事手伝い」「花嫁修業」とか言いながら今に至ってしまい、**両親も当初は姉を独立させようとしていたものの、結局は姉の言いなりだ。**

父親は娘かわいさで家具でも家電でも姉の好きなものを買い与え、家事は母親任せで食事さえ一切作ろうとしない。それどころか弁当を持たせてもらい、自分の下着一枚洗うことがない。

**部屋は物であふれていて、典型的な「片付けられない女」だ。**

やれ自動掃除機だ、乾燥機付き洗濯機だ、エスプレッソマシンだと家電だけにはこだわりがある。そんないい年をした娘の部屋を、姉がいないスキに母親が掃除機をかけたり、片付けたりしている。

それなのに「お母さん、部屋に勝手に入らないで！」なんて怒ったりする始末だ。

親のお金で暮らして、自分が稼いだお金はすべて小遣い。

親を連れて旅行すると言いながら、実は〝推し〟のライブ遠征が本当の目的だ。

唯一の仕事といえば、ごくたまに親の通院に付き添うのが関の山。

**「別にいつでも働けるから」と、派遣やパートの仕事も半年も続かない。**

繰り返すが、お金は趣味や〝推し〟に全部使い切って、家に一円も入れないのだ。

未婚なのを心配した母親が一時期、結婚相談所にお金を出して姉を連れて行ったこともある。

そこでも「あんなところに登録しているのは、シンゴみたいな低レベルの高卒のバカだけだ」「私は見た目がこんなに若いから年下を探しているのに、全然出会わない。五十代の男なんて話が合わない」などとずっと言い続けて担当者を困らせ、結局、相談所も辞めてしまった。

こんな姉に寄ってくる男なんて、実家の金を狙っているとしか思えない。いやそもそも、うちは実家の不動産くらいしか財産はないしなあ……。

確かに俺が通っていた高校のレベル自体は低いかもしれないけど、ずっと正社員で仕事をしてきたから年収は六百万円台にはなっている。

そんな話を姉にしたところで「フン！　あんたの会社なんて大手のディーラーじゃないくせに」とか言われるのがオチ。

……いやいや、業界でのシェアは下から数えたほうが早い会社だけれど、地元のお客様からの信頼はそれなりにあるんだぞ。

ロクに仕事をしていない姉を相手にするだけ、時間の無駄というものだ。

前置きが長くなったけど、本題に入ろう。

**母親が亡くなってしまった。**今度は胃がんだった。

まだステージⅡだったので胃を切除したところ、その後、一気に悪化してしまいそのまま逝ってしまった。

ここがん治療の難しいところで、手術後に容体が急変するのが珍しくないらしい。合併症や感染症のリスクがあるわけだ。

葬儀を済ませ、少し落ち着いたころに父親から電話があった。

**「忙しいところ悪いけれど、話があるから家に来てほしい」**

はいはい、相続の手続きね……と思いながら父親から見せられたその書類（遺言書）を見て、びっくりしたよね。

母親が作った公正証書遺言があって**「母名義の不動産や現金を姉に全部相続させる」**という内容になっていたのだ。

「父さん、これ、いいの？　全部アネキのもので。俺はいいけど、税金とか……」

「あのな、うちの土地はもともと母さんの実家のものなのだよ。お前には申し訳ないけど、母さんが決めたのなら父さんがとやかくいう筋合いでもないのだよ」

「え、でも……」

二人のやり取りを聞いた姉が、目を吊り上げて声を荒らげた。

「シンゴは黙ってなさいよ！　あんたなんて家を出てから、ずっと好き勝手していたくせに。私は若い頃から親の面倒を見ているのよ。それに**ずっとここに住んでいるんだから、家の権利は私のものよ**」

「はあ……」

好き勝手って、普通に自立して仕事してきたんですけど？

アネキなんてお父さんとお母さんに「面倒見てもらっている」の間違いじゃないの？

でも、アネキは一度言い出したら聞かないし、むしろ俺は**これで実家と縁が切れるかな**って思ったのも事実。オヤジのことは心配だけれど、姉とは折り合いが悪いから、同じ空気を吸うのもこれ以上はしんどいわ。


遺言があるので、俺がいなくても姉一人で、実家の名義変更も相続もすべての手続きが終わると聞いて、もう面倒になったのでさっさと帰宅した。

この日は、一人暮らしの家に彼女が来ることになっていたしね。

とりあえずうちの近所の焼肉屋で、彼女のナナコと待ち合わせて夕飯をとった。

細かい話は省いて、ざっくり「母親が死んで、『全部姉の名義にする』という手続きをした」と伝えると**「ねえ、シンゴはそれでいいの？」**と聞かれる。

「いいも何も、オヤジがそう言っているから。それで別にいいんじゃないの？　俺はよくわからないけれど」

「そっか……」

「よくわからないけれど、あとから書類を送るからそれにサインして、印鑑を押して送り返せだってさ。これで親の面倒を見なくていいなら、それはそれでいいわ。そもそも実家の財産なんて、アテにしていないし」

「そっか、それならいいんだけど……。ちょっと気になるな」

ナナコがぼそっとつぶやいた言葉が、こっちもちょっと気になってしまった。

**でもとりあえず、俺はもうあの実家とは関係がなくなった。**

向こうから頼まれるまで、こっちからは絶対に行くものか。

そんな話を忘れかけていた頃、オヤジから「入院することになった」と電話がかかってきた。頭痛がするから車で病院の外来に行ったら、血圧がかなり高くて、そのまま入院することになったらしい。

姉は運転免許を持っていないので、駐車場に停めたままの車を実家に移動してほしい、ということだった。

……頼まれるのが、思いのほか早いな。

車の移動のために病院に行って、その足で実家へ向かった。

しかし、**中へ入ると、リビングにゴミが散乱しているではないか！**

**これは絶対に姉の仕業だ。**母が死ぬ直前まで、部屋はきれいだったからな。

「アネキ！　何でちゃんとゴミを捨てていないんだよ、ちゃんと掃除しろよ」

「調子が悪かったのよ。私はホコリアレルギーなのよ！　掃除なんてできない」

「アレルギーだったら、なおさら掃除しないとダメじゃないか」

「うるさいわね！　**私の家だからほっといてちょうだい。**勝手に出入りしないでくれる？」

「は？　そもそもアネキが免許を持っていないから、俺が病院まで車を取りに行く羽目になったんだよ」

「あんたは車関係の仕事でしょ！　客だよ！　やればいいじゃない」

それとこれとは、話が別だろうが。


母が亡くなって、**誰も家事をする人がいなくなった**からか……。

まだ三か月も経っていないのに、この実家をこれからどうしたらいいのだろう？

姉の名義だからと言って、**任せておいたら大変なことになるよな……。**

事例からの
教訓

## 誰かが「困った」タイミングですぐに福祉など適切な窓口へ

学歴は高いものの社会に出るタイミングで挫折して、その後つまらないプライドが邪魔をして何をしてもうまくいかなくなる。親の世話をしていると言いつつ、実は親に世話をしてもらっている……という今回のようなケースは、意外に多く見受けられます。

やっかいなところは、まず姉の立ち位置からすると「自分は一切悪くない、周りのせいで自分はこんな目に遭っている」と本気で思い込んでいる点です。

**自らを俯瞰して反省する、という人は、基本的に少数派です**。

これでは、せっかくの支援するほうが疲れてしまって大変です。

このようなケースでは、母親が元気でいる間は、家事を母親が担っているので問題は特に表面化しません。

むしろ日々の買い物やレジャー、病院付き添いなど、忙しい弟に代わって姉が協力的に、献身的に動いてくれている、という見方もできます。

そして父親が元気でいて金銭的にも余裕がある場合、その親のお金で問題なく暮らすことができます。トラブルが起きたとしても、親の資金が豊富にあるうちは、ある程度ならお金で解決することも可能でしょう。

ただ、それは両親が元気なうちだけです。

今回のケースのように親が入院した時や、**亡くなったあと相続トラブルになってしまって、親族や周りの人と話さなくなると一度に生活が成り立たなくなります。**

そこが大きな問題なのです。

徐々に実家の管理ができなくなり、やがて[※1]セルフネグレクト気味になってしまう。最終的にはゴミ屋敷で孤独死。死後に発見されるまでに時間を要し、実家が事故物件になってしまった……というケースも多々見受けられます。

筆者には姉がおり、その姉はいわゆる引きこもりで、二十〜三十代の間に民間企業で少し働いた以外は、ずっと家にいました。

そして、まだ母親が元気な時期に「実家が欲しい、住むところがあれば一人で生きていける」と主張し、母親を脅して実家を姉一人に相続させるという遺言書を書かせていました。

たまたま姉が出かけている時に母親が遺言書を見つけ（仏壇の引き出しにあったそうです）、慌ててシュレッダーにかけてその遺言を撤回した、という経験があります。

あとから「遺言書を知らない？　母が家をくれると言った。私は家が欲しい」と言うので「そうなの、それはなぜそう思ったの？」と聞くと、**「テレビで、自宅があれば働けなくても年金で食べていけると見たことがある」「私は働くのが嫌だ」**という回答が返ってきて、非常に驚きました。

姉はその頃まだ五十歳にも満たなかったですし、固定資産税や屋根や壁、設備などの交換が必要になった際の経費、そしてその広い実家の清掃や除雪等のメンテナンスのことをまったく考えていないと思われる発言だったからです。

「家賃がかからない」としか考えておらず、自宅を維持するためには固定資産税がかかり、日々のメンテナンスが必要になるということまで考えが至らなかったようです。

## ▼相談するタイミング・具体的な方法

今回のようなケースでは、**相談するタイミングは「誰かが困ったと感じた時、速やかに」**です。

具体的な方法としては、まずは親のことに関しては地域包括支援センターか、もし親子のどちらかが通院中であれば、主治医がいる病院のソーシャルワーカーに相談するのがいいでしょう。

また、**引きこもりに関しては、厚生労働省のホームページに全国の相談窓口のサイトがあり、すべての都道府県・指定都市に設置されています。**

まずはそこに連絡して、今後どうするかを相談してみてください。引きこもりの理由は不登校から、就労のつまずき、離婚など千差万別です。

一度で解決することはありませんが、引きこもりを解消するための何らかのヒントが得られるはずです。

# 用語解説

※1 **セルフネグレクト**……ネグレクトとは、他者（親やケア提供者など）による世話の放棄を指す。セルフネグレクトとは自己放任、つまり自分自身による世話の放棄を指す。ゴミ屋敷、風呂に入らない、病院に行かないなどが代表例。

## しんどい！劇場　兄弟姉妹のことで、しんどい！

CASE 3

#父の遺産　#三兄弟で相続
#兄弟の嫁たち参戦で複雑化　#まるでハイエナ

CASE 3

# 「ウチも当然もらう権利がある」と兄弟の妻たちが口を出してきた！

僕はトシヒコと言います。
都内在住で五十歳の団体職員です。某大学で事務をやっています。
家族は妻と、大学生の娘がいます。

**先日、僕の父が亡くなりました。膵臓がんでした。**

母は一昨年に亡くなっており、八十五歳の父は施設で暮らしていましてね。
父は医師だったので、おそらく自分の体調のことはわかっていたのではないかと思っていますが、こればかりは父にしかわかりません。

とりあえず、無事に葬式が済んで、ほっとしているところなのですけれど、遺産の分け方でちょっと困ってしまって……。

**オヤジ、遺言を残していなかったのですよ。**

ちょっと説明しますね。

僕は三人兄弟で、僕が長男で、弟が二人います。

二男のカズヒコは千葉で公務員、同じ年の嫁がいて、子どもはいない。

三男のヤスヒコは埼玉在住でラーメン屋を経営、子どもが三人います。

三人兄弟で、親だって別に貧しくはない。

もらえるだけありがたいんだから、揉める要素なんてない。

そう信じていたのですけど。

父は開業医で、東京・東村山市に自宅兼病院があって。

まあ、もう十年前に閉院して、そのまま解体もせずほったらかしです。

母さんが生きていた時はそこで住んでいたので、無理もないのですが。

……あ、でもね、場所は悪くないのですよ。西武新宿線の東村山駅から徒歩三分くらいです。あの場所なら壊してマンションとか建ててもいいかもしれません。

今はとにかく固定資産税[※1]だけを払っている状態ですから。


**父に対しては、兄弟三人とも病院を継がなかったので申し訳ないけれど、**生命保険が一千五百万円ほどと、その病院がある不動産を売れば五千万円くらいにはなるかと。あと少しの預貯金は、葬儀に三百万円ほどかかったので、それでトントンですかね……。

相続税[※2]もほぼかからない計算だし、全部売って、単純に三等分すればいいかな、一人二千万円？

そんなふうに単純に、考えていたのです。

ところが、それを提案したら、二男カズヒコの嫁が「それ、三等分っておかしくない？　だって**お義兄さんのトシヒコさんは大学に行かせてもらったんでしょ。**あなたは高卒で公務員じゃないの」と言い出したらしくて。

それをそのまま僕に伝えてきたんですよ。それも、いきなり電話で！

**その大学に行った分の差額をもらうように、と嫁に言われた**……って。

それって、払わないといけないんですか？

普通の私立大の経済学部ですよ。しかも、**カズヒコは当時大学に行けたのに高卒で就職するって自分で決めたんですよ？**

それで市役所に就職したのに、今さらこちらの学費分を請求されるなんて。

その分は上乗せするべきなんでしょうか？

さらに、三男ヤスヒコの嫁まで口を挟んできました。

「私、四人目がお腹にいて、つわりで仕事にならないんです。だから、**相続のお金を少し多めにもらえたりとか、できませんか？**」って。

もう、言っている意味がわかりません！

まだ続きがあるんです。

「だって、お義兄さんのところはお子さんが女の子一人しかいないじゃないですか。カズヒコさんのところは子どもがいないし。**ウチは男の孫が三人もいるんですよ？　だから、うちの子たちが義父さんの跡継ぎですよね？**　苗字も引き継ぐわけですし」って言い出して……。

そんな図々しい話、ありますか？

でも、嫁の言い分としては「これからお義父さんの跡を継いで医大とか進学するかもしれないじゃないか」と。
跡継ぎと言ったって、別に病院継いでくれたわけじゃないし、ヤスヒコのところの子たちはまだ小学生と幼稚園児ですよ？

そもそもヤスヒコは「授かり婚」で、高校も中退、ラーメン屋をやる時も親から援助してもらっているはずです。

**末っ子で、母さんからすごくかわいがられていて、**やれ開店だ、やれ子どもが生まれた、車を買うだとか、何かと援助していた様子ですよ。

考えたら、僕は母さんが亡くなった時の相続の時って何ももらっていないけれど、ヤスヒコのところはそのタイミングでマイホームを建てていたんですよね。東京の練馬に、かなり広い一戸建てです。

失礼ですけど、自営業でそんな高額なローンって組めるんですかね？

父が母さん名義のものを全部相続したと思っていたけれど、もしかして母さんの遺産で？……とか、いろいろと勘ぐってしまうわけです。

相続税は、オヤジが死んだことを知ってから十か月以内に納めないといけないそうです。亡くなってから、ではないんですね。亡くなったのを知らないケースもあるから、と税務署の人が教えてくれました。

うちの財産のシミュレーションをしてみたのですが、基礎控除※3というのがあるので、相続税自体はそんなにかからなさそうです。

しかし、分割がこのままだと、兄弟で話がまとまる気配がありません。

十か月以内に話がまとまらないと、法定相続分で按分※4した相続税の申告書の提出と、相続税の納付を行なわなければなりません。

また、相続税の申告書の提出と納付を期限のあとに行なった場合は延滞税の納付が必要となり、原則として納期限の翌日から二か月を経過する日までは年7・3%、納期限の翌日から二か月を経過した以降は14・6%にもなり、さらに無申告加算税が納付税額の5%ないし15%別途加算されると税務署の人に聞きました。

うちの妻は、逆に**「面倒だからもう相続放棄[※5]してしまったら?」**と言いますが……。まだ娘の学費もかかるし、あてにはしてないですが、放棄するのも何だか違うなって思っちゃいます。

それに、うちの妻や娘はむしろ父が体調を崩した際に、わざわざ通院の付き添いや買い物なんかを積極的に手伝ってくれていて。僕だって大学の仕事を早退して病院に迎えに行ったり、夕飯を一緒に食べたりしていましたよ。

こういうのって、寄与分[※6]というやつじゃないんですかね?

こないだ床屋で読んだ週刊誌に載っていましたよ。うちが協力したということでそれをもらうことはできないんでしょうか?

なんだか納得がいきません!

何もしていなかった人が財産をもらえて、こうやって手伝っていた我が家に何もないなんて。

**カズヒコのところも、ヤスヒコのところも、介護はまったくノータッチです。**

僕は、この先、どうしたらいいのでしょうか……？

事例からの教訓

# 「きょうだいは他人の始まり」相続発生の前に動いておく

今回の事例は、それぞれの配偶者がなかなか強烈でしたね。

おそらく独身の息子さん三人ならばあまり揉めないケースでも、それぞれに配偶者がいて、それぞれの立場でいろんな意見があります。

## ▼対処の基本方針

今回の学費に関しては、**「特別受益」**になるかならないか、という視点が必要です。ちょっと耳慣れない言葉かと思うので説明すると、**贈与や遺言によって一部の相続人が受け取った特別な利益のことです。**

逆に**「寄与分」**という言葉もあって、たとえば事業を全面的に継いでいた、介護や通院などの労務を担っていた、などと相続人の資産形成に貢献したりすると、その分を少し多めに相続させよう、という考え方もあります。**ただし、こちらは「相続人」というルールがあり、お嫁さんやお孫さんは対象外です。**こちらは二〇一九年七月から施行された「特別寄与料請求権」に該当するかもしれませんが、在宅で介護していたわけではないので、それが認められるのは難しいかもしれません。

いずれにせよ「故人の相続財産に足したり引いたり」という概念です。

「特別受益」が認められると、相続開始時の遺産にその特別受益分を足して、合計を法定相続分に準じて分割、そしてその特別受益を受けた相続人の相続分からその特別受益分を減額する、という計算方法になります。

**ただし、きょうだいの一人だけ医大に進学した、とか、海外留学に何年も行っていた、などの状況がない限りは、なかなか認められない**という見方もあります。

そのあたりは、個別の経済状況も判断材料になりますので、まずは専門家（この場合は弁護士）に相談してみてください。

## ▼相談するタイミング・具体的な方法

**タイミングとしては、相続が発生する前**、が本来はベターです。

親に不動産などの資産があるケースですと、事前準備が大切になってきます。もし可能であれば、**財産目録**を事前に作成しておくとよいでしょう。

- **どんな財産を持っているのか（不動産、株など種類ごとにまとめる）**
- **財産がどこにあるのか（銀行、証券会社、自宅等）**
- **相続税評価額[※7]はいくらなのか（不動産の評価、外貨の現在価値、株価等）**
- **マイナスの財産はあるのか（住宅ローン、車のローン等）**

なお、骨董品や美術品、ゴルフ会員権なども相続の対象になるのでお忘れなく。

しかし、**相続が発生してからでも打つ手がないわけではありません。**

- **不動産の評価に詳しい税理士に相談し、相続財産の評価を適切に行なう**
- **[※8]小規模宅地等の特例が使えないか確認する**
- **[※9]死亡退職金や生命保険金の非課税枠を適用する**
- **[※10]未成年者控除、障害者控除などが使えないかを確認する**
- **債務や葬式費用を確認する**

また、相続税に関しては期限があります。

話し合いが難しいと判断した場合には、なるべく早く税理士や弁護士などの専門家に介入してもらうことが必要です。

**特に身内のことに関しては、第三者に入ってもらったほうが感情的な部分も整理がしやすくなるパターンがほとんどです。きょうだいだけで話し合いをするとつい子ども時代のように感情的になってしまいがち**ですが、第三者が入ることで「その場に他人がいる」と我に返り、無駄に感情的にならずに理性を保って会話しやすいのです。

専門的な実際の税務や申告期限などを説明してもらったうえで、その相続財産をみんながある程度の納得感を持って分けるにはどうしたらいいのかを、リードしてもらえるといいですね。

## 用語解説

※1 **固定資産税**……家や土地などの不動産にかかる税金のこと。商売をする時に必要となる大きな機械設備にかかることもある。これらの不動産や特別な設備を持っている人は、毎年この固定資産税を払わなくてはならない。その年の一月一日時点での所有者が市町村に支払う。

※2 **相続税がほぼかからない**……今回のように法定相続人が三人の場合、計算式があり〝基礎控除三千万＋（法定相続人×六百万）〟＝四千八百万までは非課税。ほかにも、生命保険の相続税の非課税枠が法定相続人×五百万で、今回は生命保険一千五百万が非課税。葬儀代は相続財産から控除できる（引くことができる）ので、今回のようなケースでは「ほぼかからない」という表現をしている。

※3 **基礎控除**……今回の場合は、相続税の基礎控除。基礎控除＝三千万円＋（六百万円×法定相続分の数）

※4 **按分**……物品や金銭などを、基準となる数量に比例して割り振ること。今回の場合

は法定相続分で決められた割合があり、その割合に応じて分けられた金額を指す。

## 用語解説

※5 **相続放棄**……すべての財産の相続を放棄すること。ざっくり説明すると、現金や不動産のプラスの財産の権利はもちろん、借金などのマイナスも引き継がない。相続放棄をすると最初から相続人ではない扱いとなるのが特徴。

※6 **寄与分**……被相続人（亡くなった人）の財産の維持や増加に貢献した相続人が、その貢献度に応じて相続財産に加算される制度。

※7 **相続税評価額**……相続税を計算する時の財産の価格のこと。

※8 **小規模宅地等の特例**……一定の条件に合致した場合、土地の相続税評価額を最大八割引き下げできる制度。

※9 **死亡退職金や生命保険の非課税枠**……死亡退職金は在職中に亡くなった従業

員に本来支給されるはずだったものを遺族が受け取るお金のこと。退職金の一種。生命保険は被保険者が死亡時に受取人が受け取れる契約のこと。いずれも万一の時は五百万×法定相続人の非課税枠が併用できる。

※10 **未成年者控除、障害者控除**……未成年者控除はその未成年者が満十八歳になるまでの年数一年につき十万円で計算。たとえば十五歳の未成年は十八歳まで三年なので、三年×十万円で三十万円となる。障害者控除は一般障害者の場合は満八十五歳になるまでの年数一年(年数の計算にあたり、一年未満の期間がある際は切り上げて一年と計算)。なお、特別障害者の場合には一年につき二十万円となる。詳しくは国税庁ホームページにて確認を。https://www.nta.go.jp/

# 5章

# 「土地・建物・お墓のことで、しんどい！」

## 事例と対策

CASE 1
ところが司法書士によると…
相続された不動産に抵当がついていたようです
え？

CASE 2
一人息子で独身の俺が死んだら
一体誰がこの墓を守るんだろう…

CASE 3
退職金でアパート経営する！
ええ!? 大丈夫なの？
父
私

CASE 4
母が亡くなり実家はゴミ屋敷になってしまった

しんどい！劇場 土地・建物・お墓のことで、しんどい！

CASE 1

#きょうだいで遺産相続　#兄と妹は損
#弟だけ儲けてトンズラ　#これぞ崖っぷち

CASE 1

# 相続した土地は、なんと崖の上！売るどころか寄付もできず……

俺はマサオ。四十歳。北海道札幌市在住で、医療機器メーカー勤務。
去年、学生時代の後輩サユミと結婚して、夫婦共働きをしている。
**今回、オヤジが脳梗塞で急に亡くなって。**
そこでちょっと困ったことが起こっていて……。

俺の実家は、北海道の小樽というところにある。
きょうだいは弟と妹がいて、母さんは十年ほど前に他界している。

オヤジが、遺言を残していたのは知っていた。

「俺が死んだら、仏壇の下の引き出しに遺言書あるから」とよく言っていたから。

引き出しを開けてみると、そこには封筒があり「公正証書遺言正本」[※1]という書類が入っていた。

内容は**「長男マサオが北海道小樽市○○町×丁目△番地、○○番地の土地をすべて相続、弟ミツハルには○×製薬の株券すべて、妹イズミには小樽銀行にある預金を相続させる」**というもの。


ちなみに弟のミツハルは三十五歳、東京で就職して結婚して三児の父。某都市銀行の銀行員。年の離れた妹のイズミは三十歳、大阪の大学に進学して、そのまま大阪で就職。


「ねえ、お兄ちゃん。これって**相続税**[※2]**とか、かかるの？**」

イズミが不安そうな顔をしている。

ミツハルがスラスラと答える。
「相続税？　うちの場合は……確か三千万＋相続人一人につき六百万。ということは、四千八百万だろう？　株券は、今日の終値で計算するとざっくり一千万くらい？　まあほかにも計算方法あるけれど、一番安い評価を使えるから。あと預金が通帳に一千万。土地が二千万程度、実家はせいぜい八百万ってとこじゃない？　生命保険もあるけど簡保だろう、一千万程度。**おそらく基礎控除[※3]の範囲内で、相続税はかからないよ**」

さすが、ミツハルは銀行員、そういったことに詳しい。
うん、頼りになる弟がいてよかった。
最初はそう思っていたんだ――。

**うちの実家では代々、不動産は長男が相続するというルールがあるようで。**

それは前からオヤジや祖父から聞いていたし、**長男である自分に取り分が多い**のも、母も父も俺が近くに住んで面倒見てきたから当然といえば当然の話だ。


東京や大阪で暮らす弟や妹にはそれくらいで十分だろう。

普段は何もしていないのだから、もらいすぎているくらいだよね？

それに、俺は株とかよくわからないから、そういうのは怖いし……。


「で、この遺言書に書いてある分け方でいいの？」と、弟が言う。

「そうだね」「ウン」。俺と妹が答える。

「でもさ、父さんの決めたこととはいえ、兄さんだけ実家とか土地とかもらうので結構な金額になるんじゃないの？　それって、ズルくない？」と、妹が口を挟む。

「いやいや、俺、札幌に買った自分のマンションあるから。小樽の実家とかこの辺の土地もらったところで、正直こっちに住むこともないし、現金とか株もらったほうがいい気がするよ。代わってやろうか？」と答える。

「ふーん、いや別に。お父さんが決めたんだし」

イズミはちょっと不服そうだ。おそらく「自分の取り分が少ない」と思っているのだろう。

そこはスルーして「じゃ、オヤジの知り合いの司法書士さんに連絡しとくわ。名義の変更が必要だろうし」と伝える。

**弟「俺はこの株券の件、証券会社に聞いてみる」**

**妹「私はこの定期預金の通帳とキャッシュカードもらうわよ」**

続けて弟が「兄さんは固定資産税の紙があれば、不動産の所在地とかわかるよね？　権利書は小樽銀行の貸金庫って父さんから聞いているから、そこにあるはず。相続のこと窓口で伝えれば開ける方法教えてくれるはず。書面が必要なら持ち回りで全員で署名捺印しよう。印鑑証明あとから送るわ。イズミも役所で印鑑証明書もらって送って」と。

「わかった」俺とイズミが返事をする。

「あと、銀行のお金も、同じような手続きでできるはずだから。メインバンクは小樽銀行だったよね、念のため直接電話して必要書類確認するといいと思う」と、アドバイス。

とりあえず、書類を揃えるのが面倒だな……。

「いろいろ手続き、面倒だな。ミツハル詳しいだろうから任せていいか？」

「ああ、もちろん」

「さすが銀行勤め。助かるわ」

「いやいや、それほどでも。一応それでメシ食っているからね」

帰宅して、嫁のサユミにその話をした。

「ふーん、小樽の土地？　それって価値あんの？　貸したり売れたりしそうなの？」と。

ん？　なんかサユミの言い方、感じ悪いな。

「**相続で不動産もらえるだけマシじゃないの？**　ほら、最近海外の富裕層が北海道のあちこちのリゾート地を買っているっていうじゃない、あの辺りは、新幹線の駅もこれからできる予定みたいだし、とりあえずは大丈夫じゃないの？」

「それは、ご実家のある駅前の話でしょう？　確か、坂の上の崖があるところにも、先祖の土地があるってお義父さんおっしゃっていたじゃない。そういうのは売れないわよ」と言い出した。

サオリは結婚前、不動産会社に勤めていたことがあって、少しその手のことに詳しい。

俺が実家から持ち帰った[※4]固定資産税納付書を見て「あら？　これってちゃんと[※5]登記簿謄本取った？」と。

「ん？　トウキボトウホン……って何？」

そう問い返すと呆れた顔をして、

「ええー！　謄本もわかってないわけ？　今の不動産の状況もわからないのに、相続で不動産をもらうのは逆にリスクがあるじゃない！　まあ、正確には登記事項証明書、だけどね。今は紙じゃなくてデータ化されているから」

「……そんな上から目線で矢継ぎ早に偉そうに言うなよ！　ウチの相続、そもそもサユミに関係ないじゃん」

「そりゃあ私には関係ないかもしれないけれど、**相続するのはあなたなのよ？　ちゃんと確認する必要があるんじゃないかしら。**それに、私は小樽の実家に引っ越すとかありえないから。さっさと売るか貸すか、してよね？」

「はいはい、それはご親切にどうも！　俺だって専門家に聞くからお構いなく！」

「あっそ！」

サユミはあからさまに不機嫌になって、そのまま寝室に入ってしまった。

あーあ、何だよ。せっかくまとまったお金が手に入るかもしれないのに……。

しかしその後、司法書士さんから電話があり、とんでもないことが発覚。

**相続した実家の土地と建物に、抵当[※6]がついていたのだ！**

え？　あの遺言書は何だったんだよ。

そりゃオヤジが遺言書いたの、数年前だったけれど……なぜ抵当に？

司法書士さんが説明してくれた。

「どうやら、お父様は**遺言書を書いたあとに学生時代のご友人の連帯保証人**[※7]**になられていた**様子です。しかし、**ご友人が借金を返済できず、お父様が借金を肩代わりすることになり、おそらく退職金で返済したがそれでも足りず、ご自宅を担保に入れてお金を工面した。しかし定年後にお金を返すことができず、結局、抵当権はそのまま、という状況**かもしれませんね。あくまで想像の範囲ですけれど…」

「そ、そんな……」

「それと、もう一方の土地には以前、祖父母様が住んでいたそうですね。亡くなられて空き家になったため老朽化で何かと危ないので、解体、更地にしていた。そもそもこちらの土地は**接道しておらず、崖地、再建築不可、土砂災害警戒区域に指定**

されている。そんな状態です」

「サイケンチク？　……ドシャサイガイ？　言っていることがよくわからないのですが、平たく言うと、**このご先祖様からの土地は売れない**ってこと？」

「そうですね。土地までの坂も急ですし、あの道では車両が入れません。徒歩で坂を上っていく感じになるので、宅地としてはちょっと使えないかと……。売れなくても、たとえば畑として貸すなどと言っても、現実問題ちょっと難しいのではないかと私は思いますが……」

そんなことって、あるかよ。

だったら俺、株とか定期預金もらったほうがお得だったんじゃないの？

抵当権のある実家に、崖の上の使えない土地に、延々と固定資産税[※8]を払え、ということか？

いや、確かこないだネットで見たぞ。

[※9]相続土地国庫帰属制度、だったかな。**いらない土地なら、国に引き取ってもらえばいいよな！**

よし、管轄の法務局に相談してこよう！

しかし、問い合わせてみたものの、その後、一通の書面が届き「**崖があって管理に過分な費用、労力がかかる土地と判断されたので不承認**」と。

これじゃ、**売るどころか引き取ってすら、もらえない**ってことなのか？

実家もらえるならお得だ、俺が一番取り分多いと思ったけれど、これじゃあんまりだ。

よし、すぐに弟と妹に連絡して、やり直しをしてもらおう。

そのことを弟と相談しようと連絡するも**「へー、抵当ね、そう。でもアニキは株とか怖いって言っていたよね。もう相続は終わっているから、申し訳ないけどやり直しとかはないかな」**

「いや、でも、まだ登記は終わってないだろう」

「登記と相続の手続きはまた別の話だよ？」

そんな話をしながら、ふとテレビに目をやると、

**〝○×製薬、アルツハイマー病治療薬の開発に成功し、株価が急上昇。ストップ高〟**

えっ、これ、オヤジから弟に相続された株の製薬会社じゃなかったっけ？

「悪い、ちょっと用ができた。出かけるから電話切るわ」

「え、おい、ミツハル！　まだ話は終わってないよ。待てよ」

「ごめん、あとで電話かけなおすから、じゃ」


うーん……納得いかない。

オヤジの遺言通りだと、極端に不公平じゃないか。


妹に相談してみようと連絡すると、こっちから話す前に、

「ちょっとお兄ちゃん！　ちょうどよかった。あのお父さんの口座にあった一千万の定期預金だけど！　あれね、とっくに解約されていたの。**総合口座の通帳が再発行されていて、今の残高普通預金に、たったの四十円よ！**　話が違うわよ」

「ええっ。あ、もしかして連帯保証人になって、その口座のお金も返済に使ってしまったということか！」

「レンタイホショウニン？　何のこと？　あっ、あとね、テレビ見た？　製薬会社の株価の件！　あれ、ミツハル兄ちゃんがもらったやつだよね？　ズルくない？　結果的にもらうもの増えていたってことよね？　マサオ兄ちゃんだって駅前の実家もらっていたじゃない！　不公平だよ、やり直してよ！」

「それは違うよ、イズミ。実は、実家はすでに抵当に入っていた。借金がついている。かくかくしかじか……というわけで、こちらもまた話が違うから、遺産を分けるやり直しをしたいんだ。ミツハルの株を売ったのを三等分してもらおう」

「そうね、お父さんだってきっと遺言書いた時はこれで、と思っていたかもしれないけれど、あまりに話が違いすぎるわよね」

そして、ようやくミツハルに電話が繋がるも……。

**「えっ、遺産分割のやり直し？　抵当？　そんな今さら言われても……**あの株価は確かアルツハイマーの薬のおかげで上がったけれど、そんなの、たまたまでしょう？　遺産分割のやり直しなんて、面倒だよ」

「いや、でも」

「だって、考えてみてよ。株は下がるかもしれなかったんだよ？　でもオヤジの意向で俺にと指定で、オヤジの意向で**長男が不動産を相続する**んでしょう？　崖でも何でも相続して、ご先祖様の土地を守る、ってことでいいんじゃないの？　ほら、新幹線が通るとか、何かリゾート地ができるとか、持ち続けていれば土地の値段が上がるかもしれないし」

「いやいやいや、それにイズミの口座だって、あれ記帳したらお金出されたあとだったたって……」

「そう、それは俺も知らなかったわ。まあ、それは気の毒だけどさ、**イズミって大**

**学も関西の私立だよね、俺なんて国公立しか行かせてもらえなかったんだけど。そして、そういうアニキも私立大出てるよね？**　それにイズミは母さん死んだ時に確か保険金受け取ってなかったっけ？　それにあいつ、独身だろ。俺は家族も子もいるわけでさ。アニキのところは、子どもいないでしょ。そのあたりから計算したら、今回の遺産分割であながち不公平でもないと思うんだけど、どうかな」

「いや、でも…」

「ま、いずれにせよ、そういうことなら俺ももらった株を売ったら少しはそっちにもお金渡すから、ちょっと時間ちょうだい。じゃ、電話切るよ。今、こっちも出先だし」

「あっ、ちょっと待てよ…」

しかし、その後、弟からの連絡はなかった。

電話をしても繋がらない。おそらく、着信拒否されているのだろう。

**仲のいいきょうだいだったはずなのに……。**

こんなの、絶対におかしい。遺言を作られた時と状況が全然違うじゃないか。

弁護士に何か方法がないかを相談しないと。

そしてこんな話、嫁のサユミに伝えたらどう言われるか……。

事例からの教訓

## 不動産ならぬ負動産　事前に見当をつけておくべし

さて、今回のケースを読んで、皆さんはどう感じたでしょうか？

一見は長男に多めとはいえ、それなりに公平に見えた公正証書遺言の内容ですが、当初は問題なかった分割も、父親が友人の連帯保証人になってしまったがために不動産は抵当に入り、その結果、通帳の中身もなかった、という状況になってしまっています。

逆に、持っていた株は、その後、爆上がりしましたね。

このような状況はどうやったら防げたのでしょうか？

## ▼対処の基本方針

まず、相続に関してですが、**親との会話不足があったのかもしれません。**

親の遺産がどれくらいあるのか、そしてそれは今も有効なのか、その現在価値がどれくらいなのか。

**聞き出すのは難しい事柄ではありますが、見当をつける方法はあります。**

そのあたりをしっかりと確認する必要があります。

土地の登記簿謄本（今は電子データが大半なので正確には登記事項証明書）は、全国の法務局のどこでも交付請求の申請をして、所定の手数料（書面での請求は六百円。オンライン申請かつ窓口受け取り四百八十円。オンライン申請かつ郵送受け取り五百円）を納付すれば誰でも取れますので、一度保有しているすべての不動産を確認してみるのも一つの方法でしょう。

権利部（甲区）を見れば、所有権に関する事項がわかりますし、権利部（乙区）をチェックすると、抵当権など金銭に絡む部分がわかります。

口座に関しては、手元の通帳を記帳してみる。意外と記帳せずにカードで下ろしてそのまま、というケースも多いものです。

株に関しては、ネットで値動きを見ることが可能です。

**遺産分割は、そのあたりをクリアにしてから手続きすべきです。**

## ▼相談するタイミング・具体的な方法

専門家に相談するタイミングとしては、この場合は**遺産分割の手続きをする前に、がベターです。**

「そんな、うちは身内の仲がいいからね。騙したりしないよ」と思うことが大半でしょうが、**騙すという意識がないにしても、それぞれの思惑が違うことは多々ある**わけです。

今回は公正証書遺言があることがはっきりしていたのですから、その中身をしっかりと見て、

・本当にその定期預金の総合口座には残高があるのか
・通帳は最新の状態に記帳されているのか
・不動産の権利関係に異動はないか
・株価や所有に変わりはないか

等々、死後のタイミングで可能な限り事実の確認をしてから、**きちんと理解・納得したうえで遺産分割をすべきです。**

一番やってはいけないのが、「弟が詳しいから全部お任せ」などと、何も考えず

にサインや実印での捺印・印鑑証明書を出してしまうことです。

また、**相手に悪意がなかったとしても、その後の発言等で気持ちがすれ違ってしまう**ことは残念ながらいくら仲のいいきょうだいでも発生してしまいます。

それは、きょうだいといえども大人になると、経済的なことや配偶者の意見などで意見が変わっていくこともあるからです。

それから、**意外と侮れないのが、小さい頃からの恨みです。**

「私だけ大学に行かせてもらえなかった」

「俺だけお下がりばかり」

などという、些細な（本人からすると決して些細ではない）理由で、

「その遺産分割の条件では納得ができないので、絶対に印鑑は押しません」

などと、何年もかけて争うことも珍しくはないのです。

とにかく人を疑うようで嫌なことではありますが、〝何もなかったらそれでよい〟話ですので、口に出す必要はありませんが、**きょうだいといえども本当にそれでいいのかを一度は疑ってかかったほうが、結果としてあとから揉めることを減らせる**かと思います。

**きょうだいの誰か一人にすべてお任せするのではなく、せめて一度、本や国税のサイトなどで確認をして、登記などを確認してから、手続きするのが無難。**

自分の身を守るため、また、今後の親族付き合いを円滑にするためにも、そのあたりはきっちり境界線を引いて行動しましょう。

それが、親族間の争いを避け、子孫が仲よく暮らせるコツだと筆者は考えます。

## 用語解説

※1 **公正証書遺言**……公証役場で遺言者が公証人と二人以上の証人の前で遺言の内容を口頭で告げ、公証人が内容を筆記し、内容に間違いがないかを遺言者および承認に読み聞かせ（または閲覧させて）内容に間違いがないことを確認したうえで作成される書類。遺言者の生後百七十年、作成後百四十年、死亡後五十年などといった保存期間の決まりがある。

※2 **相続税**……亡くなった親などから金銭や土地など財産を受け継いだ（相続した）場合に、その受け取った財産にかかる税金のこと。

※3 **基礎控除の範囲内**……今回の場合は、相続税の基礎控除を指す。仮に法定相続人が三人の場合、計算式があり〝基礎控除三千万＋（法定相続人×六百万）〟＝四千八百万までは相続税がかからない。

※4 **固定資産納付書**……固定資産税（家や土地などの不動産）にかかる税金の納付書のこと。商売をする時に必要となる大きな機械設備にかかることもある。これらの不動産

や特別な設備を持っている人は、毎年この固定資産税を払わなくてはいけない。その年の一月一日時点での所有者が、市町村に支払う。自治体によって異なるが、通常四月から四月・七月・十二月および二月において納付書で支払う。なお、一括支払いも可能だが割引等は原則ない。

※5 **登記簿謄本**……土地や建物などの不動産・会社などの情報を証明する書類。法務局で発行される。正確には現在、登記簿謄本は紙の複写・電子データでの保存ができるようになり、「登記事項証明書」と呼ぶのが一般的。

※6 **抵当**……抵当権のこと。不動産を所有していると、それを担保(もと)にしてお金を借りられる。そしてその時には登記簿に抵当がついていることが記載されるので、お金を借りていることがわかる。

※7 **連帯保証人**……借金した人(債務者)が返済できない場合に、代わりに返済する義務を負う人のことを指す。債務者と同じ責任を負う。保証人の一種だが、単なる保証人よ

## 用語解説

り連帯保証人には催告の抗弁権がないため責任が重い。具体的には父親からすると「借金をしたのは友人なのだから先に友人に取り立てをしろ」と言いたいところだがそれは認められず、直接、債務者が連帯保証人である父親に請求してよいルールとなっている。

※8 **固定資産税**……家や土地などの不動産にかかる税金のこと。商売をする時に必要となる大きな機械設備にかかることもある。これらの不動産や特別な設備を持っている人は毎年この固定資産税を払わなくてはいけない。その年の一月一日時点での所有者が市町村に支払う。

※9 **相続土地国庫帰属制度**……相続した土地を、国が引き取る制度。令和五年四月二十七日開始。

## しんどい！劇場 （土地・建物・お墓のことで、しんどい！） CASE 2

#ご先祖様の墓　#一人息子で独身の俺
#俺が死んだら　#この墓どうなる

CASE 2

# 老親が「長男のお前に先祖の墓を守ってほしい」と言うけれど……

突然だけど、お墓参りって年に何度くらい行ってます？
そもそも、自分が死んだらお墓に入れてほしいとか考えたこと、ある？

俺はジュンヤ。東京在住の四十二歳、独身。運送会社勤務だ。
親は俺が小さい頃に離婚していて、おふくろと二人暮らし。

おふくろは足が悪くて、俺は俺で仕事が忙しくて。
そんなおふくろと同居で、仕事ばかりしていたら、すっかり女性と知り合う機会もなく、結婚のタイミングを逃してしまって、今に至る、というわけ。

年をとってからの一人っ子で、おふくろは八十歳になる。

そんな**おふくろが突然「実家の熊本にあるお墓を直したい」と言い出した。**

俺は墓参りというものをほとんどやったことがなくて、うちのご先祖様のお墓が熊本にあるのは知っていたけれど、普段は家にある仏壇に手を合わせるくらいで、そんなに信心深いほうではない。クリスマスは教会で、大みそかはお寺でお正月は神社に行くような、よくいる日本人だ。

それはさておき、なぜお墓を直したいのかをおふくろに聞いたところ、こんな事情だった。

以下、母の言葉をそのまま書いておく。

「二〇一六年の熊本地震で、**うちのご先祖様が入っている墓石が倒壊して、それがそのままになってしまっている。**それが気になって仕方ない。

〇〇市民墓地にある墓だ。地震のあと、市民墓地から連絡があったが、足も悪く、その後コロナ禍でもあり、すぐに行けずに今に至る。

もともと見合い結婚で、親戚の紹介で東京に出てきて結婚しているので、親戚はほとんど熊本にいるのだが、みんな高齢で亡くなってしまった。

足が悪くてなかなか出かけるのが億劫だったけれど、最近、夢にご先祖様たちが出てくるから、きっとお墓が大変なことになっていると思う。

とにかく気になるので、お前の仕事が休みの時に、連れて行ってくれないか。お金はいくらかかってもかまわないから、きれいにしてあげてほしい。

**今、私が息子と元気で暮らせているのは、ご先祖様がいたからこそ**」

そうかなるほど、それはおふくろも気がかりなのだろう。

俺はまったく霊感とかないけれど、**俺が結婚できないのはそのせいかもしれない、と母親が気にしている。**

いや、ご先祖様は、そんな子孫が悲しむような、呪うことしないだろう（笑）。

とはいえ、俺もお墓が倒壊して隣のお墓に迷惑をかけているとしたら申し訳ないと思う。

「死ぬ前にお墓を直しに行かないと死んでも死にきれない」とおふくろが言うので、その望みを叶えてやろうと思い、ただ、いきなりあてもなく行っても仕方ないので「文明の利器を使おう」と、ネットで墓石を直してくれるところを何件か調べてみたわけだ。

そこで、お墓の住所である区画・番号を調べることにした。

これは結構、大変じゃないのか？　何しろ母は「○×墓地に墓がある」ということしかわからない。

……行って探すのか？　と思いきや、墓地の管理事務所に連絡したところ**「使用者（墓地名義人）**[※1]**の氏名と住所を教えてください。それで検索します」**とのこと。

ここの場合は、おふくろのオヤジ名義になっていたので、娘ということですんなり教えてもらえた。


次に、お墓の現在の状況確認だ。

実際に現地に行く余裕がなかったので、ネットで評判のよさそうな熊本の墓石・石材屋さんに連絡を取り、相見積もりを取って、そのタイミングでメールに今の墓石の写真を添付してもらった。

墓の写真を見たところ、墓石がポッキリ折れたり、隣のお墓にご迷惑をかけるような倒れ方はしていないものの、墓石の境目が土台からずれていたり、赤ちゃんの頃に亡くなったであろう親戚の、小さなお地蔵さんが倒れていたりする。

それをしっかり接着剤でつけ直して、かつ、ひび割れをとりあえずパテで埋めて修復してもらうだけであれば、十五万もあればおつりがくるそうだ。

しかし、おふくろは「土台からしっかり直したい」とこだわっていて……。

仕方ないので、とりあえずの応急処置と、ちゃんと直した場合のシミュレーションの画像と見積もりを出してもらうことにした。

そして、ある程度プランが固まったら、実際に飛行機とホテルを手配して熊本へ。仕事の夏休みを利用して、母と二人旅だ。

そこで、各石材店・墓石店と会って比較。四社ほど話をさせてもらって、メールと添付されたイメージ写真を見てやり取り。

母が一番気に入ったデザインで、希望通り土台から直してくれる、という会社にお任せすることにした。

やり方にもよるのだろうが、うちの場合は百八十万ほどかかったかな……。

正直「そんな金があるなら俺にくれ」とか、「おふくろがおいしい物でも食べるために使えばいいのに」と思ったが、これはこれでおふくろの希望なのだろう。それを悔いのないようにフォローしよう。

せっかくなので、お墓から一時間ほど車で走らせた先にある黒川温泉に宿泊。おふくろとは行き帰りの道中で、また、温泉でいろんな話をした。

葬式はこうしてほしい、誰を呼んでほしい、等々いろんな希望があるようだった。

これはこれで、お墓をきっかけにして**母親と過ごしたり話したりする時間をご先祖様からもらった**、という考え方もできるかもしれない。

二か月ほど経過して、墓石のリフォームが完了しましたと連絡があり、きれいなお墓の写真が送られてきた。母は大喜びだった。

最初は無駄だと思ったけれど、こんなに喜ぶなら一緒にお墓を直してあげてよかったな、そんなふうに感じた。

「きれいになったお墓を熊本に実際に見に行こう」と母を誘ったが、「そうね、でもお母さん前回行った時かなり疲れちゃったわ。だから、写真だけでいいわよ。もうきれいになったのはわかったから。また、そのうちにね」と、あっけなく断られてしまった。

そう言いつつ、毎日のようにリフォームしたお墓の完成写真アルバムを見せられるもんだから、それはそれでちょっと閉口したのだけれど……。

そのお墓の写真を見ながら、おふくろはこんな話もしていた。

**「そうだ、母さんの葬式のことだけど。もう、周りの人みんな死んでしまっているのよ。親戚もまわりにいないし、お金をかけず直葬[※2]でしてちょうだい」**

「そんな、直葬って読経とかやらないんだろう？　ちゃんと葬式やったほうがいいんじゃないのか？」

「もう、いいのよ。ちょっと長生きしすぎたわ……」

そんな日も束の間。

**おふくろは肺炎になり、そのまま帰らぬ人となった。**


本人の希望通り直葬も終わり、落ち着いてから、骨になったおふくろを連れて熊本へ。納骨するためだ。

飛行機に乗る時、カウンターで「そちらはお持ちになられたほうが」と、骨壺を機内持ち込み推奨されたのが（不謹慎ながらも）、ちょっと笑ってしまった。

確かに骨壺なくしたら大変だよな、貴重品だもの。

きれいになったお墓におふくろのお骨を納めて、また黒川温泉に一泊して帰ってきた。

ホッとしたと同時に、**あんな遠くにお墓があって、俺自身は〝おひとり様〟なんだ。俺が死んだら、あの立派な、熊本のお墓に入るのだろうか。**

そしてそれは、誰がやってくれるのだろう。お金払って頼めばいいのか？

でも頼むとしたら、誰に？　そういった団体がある？　いわゆる永代供養[※3]？

友達で、お墓にお参りしてくれる人はいるのだろうか？

その人にある程度の費用を預ける？　でも、先に死なないとも限らない。

それも何だか変な話だ。


そういえば、墓石屋さんが**「最近はお墓を直される方より、墓じまいをする方のほうが多いです」**と話していた。

墓を見てくれる人がいないので、誰も墓参りに来ないし荒れていくくらいなら、思い切って閉じてしまうということだ。自治体によっては、墓じまいにかかる費用の一部に使える助成金や補助金が出るところもあるそうだ。

考えたら、俺は一人息子で、ほかの親戚もみな亡くなってしまっている。**このまま結婚せず、子を持たず、であれば、俺の代で確実に終わってしまう。**

最近、建て直したばかりのお墓だったけれど、自分がある程度の年齢になったら、**墓守がいなくなってしまう、ということが懸念されるのだ。**

その時は思い切って墓じまい、というのも、ある意味アリなのかもしれない……。

少なくとも、**お墓は先祖の供養というよりは、残された人が納得するかどうか、**な気がしてきた。葬式だって、そうだ。

そんなことを考えながら、「そうか、帰りは独りか」なんて、改めて寂しい気持ちになった。

世の中には「長男が墓守、絶対に先祖のお墓を守って」なんていう人もいるけれど……ごめん、俺、おひとり様だから、それはなかなか難しい話なのかもしれない。

事例からの教訓

## 親の意思能力があるうちにとにかく早く意向を聞くこと

この事例、実は筆者が、母の希望で自宅から千キロ離れたところにあるお墓を直した話をアレンジして書きました。すでに親戚も他界してしまっているのに、とにかく母は遠くにあるご先祖のお墓にこだわり、それなりのお金をかけました。

### ▼対処の基本方針

「墓じまいをしたい」という希望もあれば「墓を直したい」という人もいます。**お墓を含め、冠婚葬祭のことに関してはそれぞれ思いや状況があると思います。**そして「縁起でもないから」と、あまり話さないことも多いのです。

親に急に万一のことがあれば、葬儀やお墓に関して、どうしていいかわからないというケースも珍しくありません。**親の意思能力がしっかりしているうちに、そのあたりの意向を聞いておくといいでしょう。**

## ▼相談するタイミング・具体的な方法

まず相談するタイミングですが、これは専門家云々というよりは、早めに親の意向を聞くのが一番です。とにかく早いに越したことはありません。

具体的な方法としては、**唐突に聞くと「まだ元気なのに縁起でもない」と嫌がる親も少なくない**ので、親戚の葬儀があった時などにそれに絡めて「うちの場合はどうしたらいいのかな」などと、さりげなく話をするといいでしょう。

**本人の許可を得てスマホなどで録画しながらメモを取ると効果的です。**あとからほかの親族と話す時に、本当に本人がそう言っていたことを伝えられるからです。

また、「友達の親が急に亡くなって大変だったらしいよ。そういえば、うちの祖父母の時はどうしたか、参考までに教えてもらってもいい?」などのように、嘘も方便で話をすると、嫌がられないことが多いです。

そもそも**葬儀に関して言えば、葬儀をするのかしないのか、という希望を聞かなくてはなりません。**

特定の宗教を信仰しているのであれば、その確認も必要でしょう。

葬儀をするのであれば、どういった方法を希望するのか、はたまた遺族にお任せするのか、誰を呼びたいのか。そのあたりも聞いておくといいでしょう。

また、先祖代々のお墓に入るのか、新しくお墓を建てたいのか。埋葬費用はどうするか。そのあたりも今までどうしていたのかを聞きながら、今後のことを相談するとスムーズかもしれませんね。

お墓の承継は寺院との付き合いや管理、法要にかかる費用など負担がかかるものです。

遺骨はどうするか（手元供養[※4]や、散骨[※5]といった方法も増えています）。

お墓があるのであれば所在地の確認も必要ですね。

できれば親と一緒にお墓参りをすると、道中にいろいろな話ができるかと思います。

葬儀を希望するのであれば、生前のうちから葬儀社に行って見積もりを取ってみましょう。

その時は、必ず二か所以上で比較検討することをお勧めします。複数の見積もりを比較すると、同じ地域や条件で葬儀をする場合のおおよその予算がわかります。いわゆる「相見積もり」です。

いくつか元気なうちに比較して手元に見積もりを準備しておくと、いざという時に慌てないで済むはずです。

# 用語解説

※1　**墓地名義人**……お墓の永代使用権(永久に使える権利)を指す。亡くなった時はお墓を承継する人に名義を移す必要がある。いわゆる「墓守」。

※2　**直葬**……「ちょくそう」または「じきそう」。通夜や告別式などの儀式を行なわず、火葬のみを行なう葬儀のスタイル。火葬式ともいう。読経のような宗教儀式は行なわず、身内や親しい知人だけで執り行なう。

※3　**永代供養**……霊園や寺院が遺骨を管理・供養するサービス。子がいないなどの理由で、子に「墓守」を頼めない場合、または、させたくない場合に利用されている。費用は遺骨数や埋葬方法によっても異なるが、十万円から二百万円程度が相場。

※4　**手元供養**……手元に遺骨を置いて供養する方法。お墓に遺骨を入れたり納骨堂に納めたりするのが一般的だが、最近ではこういった方法も用いられる。家に骨壺を置くことが多いが、遺骨をアクセサリーやインテリアに加工する場合もある。

## 用語解説

※5 **散骨**……火葬した遺骨を粉末状にして、海や山、空などに撒く葬送方法。お墓を建てる費用や維持費がかからないため、最近、注目を集めている。海への散骨を「海洋散骨」、山への散骨を「山岳散骨」とも。ただし、勝手にどの場所でも散骨してよいわけではない。地域の条例を確認して、一般の方の迷惑にならぬよう配慮する必要がある。「樹木葬」「合同葬」などといったケースもある。

## しんどい!劇場 土地・建物・お墓のことで、しんどい! CASE 3

#節税目的のアパート経営　#やがて経営不振に
#老父がバイトでローン返済　#過労

CASE 3

# 「節税になるから」と専門家に勧められたアパート経営が破綻

私はハル。群馬在住・夫と二人暮らしのパート主婦で、四十五歳になります。

**親から相続したアパートのことで、ちょっと困ったことになっていて……。**

ちょっと説明しますね。

実家の家族構成は、父ノブユキ七十歳と、専業主婦の母エツコさん五十歳。私の母親は私が小学生のころ病気で他界していて、エツコさんは後妻です。歳の離れた妹アキさんはその継母の連れ子で、二十八歳。

私の大学が東京で、一人暮らしをしている時に父が再婚したので、今の母とも妹とも、あまり接点がありません。

そのまま東京で就職して、学生時代からの彼と結婚し、実家のある群馬に帰ってきて今に至ります。

母とか妹とか言われても、ちょっとピンとこないのが正直なところです。

父は公務員をしていました。いわゆる市役所勤めです。

それで、退職したタイミングで、**退職金を活用してアパート経営をするって言い出して……**。

私は猛反対で「お父さん、そんな今からアパート経営なんて大丈夫なの？」と聞きました。

すると「うん、ほら、じいさんが亡くなった時に[※1]相続支援センターってところに相談に行っただろう？　そしたら、そこの税理士さんに『この土地にアパートを建てると、そのまま更地にしているより絶対に節税になりますよ』って勧められてね。営業なら騙されないぞと思うけど、税理士さんが言うんだから大丈夫じゃないの」と言うのです。

確かに、営業マンなら数字欲しさにそんなことを言いそうですが、**税理士という肩書きの専門職の人なら信用できそう**、その時はそう感じました。

「へえ、税理士さんがそう言っていたの」

「うん、だから大丈夫だよ。幸い退職金があるし、年金の足しにしようと思う。だって**退職金をそのまま持っているより不動産にしたほうが、利回りがいいからな。**満室だと、８％になる」

「へー、この低金利時代にアパート建てたら８％か。確かに預金よりいいよね」

「そうだろう？　相続の時だって節税になる。**建物を建てると相続税評価額が低くなる**[※2]からな。それに、三十年借り上げ保障があるって。**空室時も家賃保証してくれる**[※3]っていうから大丈夫だよ。それにほら、うちの近くに群馬国際大学があるだろう。その学生向けで新築なら、**絶対に満室になるってハウスメーカーの担当さんも言っていたからな**」

「でもお父さん、アパートの管理とかできるの？」

「大丈夫、**煩わしい賃貸管理はすべて向こうがやってくれる**そうだ。何、その分の手数料は一割くらい引かれるらしいが、それでも利回りは定期預金よりずっといい。それに、ハルにはお父さんが再婚した時にいろいろ苦労かけたからな。**このアパートは、ハルに相続させようと思う。**そうすれば、お父さんが死んだらそこの家賃はお前の所得になるからな」

「え、いいの？」

「もちろん。今の母さんやアキには保険金や遺[※4]族年金を残せるから、文句はないだろう。そもそも、お前のじいさんの土地に建てたアパートだしな」

……そっか、それはありがたい話だなって。

確かに学生向けなら大丈夫なのかな？

**税理士さんがそう言うなら、間違いない。**

そんなふうに考えていました。

それでそのアパートですが、確かに当初は、すぐ満室になりました。むしろ、建築している最中に満室になったくらいで……最初の五年くらいは順調でした。将来は自分のものになると考えたら、満室はうれしかったですね。銀行へのローン返済も順調に進んでいました。

**でも、その後、大学のキャンパスが隣りの市に移転することに決まって。**

そうしたら、当然退去するじゃないですか、学生さん。うちのアパートは駅から遠くて利便性も悪いわけで。学生さん以外の入居者がなかなか集まらなかったみたいですね……あっという間に空室が目立つようになりました。

で、家賃保証があるからと安心していたのだけれど、あれってずっと同じ家賃金額じゃないらしいんです……そんなのって納得できます？

**「空室が増えてきたので、思いきって家賃を下げましょう」**って言われて……。

「それは話が違うじゃないですか」って父も食い下がったらしいのですが、「三十年借り上げ」というのは、借り上げるは借り上げるけれど、**家賃の金額は相場で変動します、と契約に書いていて。**たとえば月に五万円の家賃と決めていても、それがずっと続かないんです。

「四万五千円にしましょう、それが納得いかないなら、管理も保証もすべて解約で」と言われました。

**そんなことされたら大赤字です。**変動って、てっきり増えるものとばかり思っていました……。

考えたら、アパートが老朽化したら家賃は下がりますよね。そんなこともわからなかった私と父がいけないのですけれど。

**印鑑を押してサインしている以上は、こちらに勝ち目はありません。**

そして、問題は家賃を下げられたことばかりではないんです。

**「満室にするにはリフォームが必要です」「外壁も直しましょう」「ついでに屋根も」などと、費用のかかる話がどんどん出てきました。**

まだ十年しか経っていないのに、そんなに修繕って必要なんでしょうか？

それが必要なのかどうかを考える間もなく、工事の契約をさせられて……。

当時の担当者も辞めてしまったし、証拠がない。

父は騙されたんです。

そのうえ、十年経過してあちこちの設備に不具合が出てきました。

特に、オール電化だったんですが、電気温水器が故障したりしました。

修繕で済めばいいのですが、温水器本体の交換となると結構な金額になってしまって。交換するのに二十万もかかったりするんです。
それでなくても家賃保証される金額が下がっているのに、こんなに修繕費がかかるなんて想定していなくて……。

当初の家賃収入は月に六十万ありました。
ローンの返済は三十万なので、約半分。そんなにきつい返済ではないはずです。

でも、それが急な大学の移転で家賃の値下げによって五十万になり、とうとう四十万に。さらに修繕費がかかります。そうすると、いろいろとお金が足りなくて持ち出しになってくるじゃないですか。

**家賃が変動しても、当初決めたローンは返さなくてはならないわけです。**
生活費のはずの年金を、ローン返済に回すようになりました。
それだけではなく、預貯金も修繕費に充てなくてはなりません。

**そこで父は、七十歳にして再就職をしました。**

警備会社で夜中に道路で交通整理をするバイトです。家賃が思うように入ってこないのに、アパートローンを払うために、です。

**そして、そのせいなのか体調を崩し、クモ膜下出血で亡くなったんです……。**

確かに税理士さんの言う通り、更地にしておくよりは相続税評価は下がりました。しかし退職金は手元に残らず、先祖から相続した土地はいいとしても、建物の建築費をローンで返済しながら、修繕費がかかるといってさらにローンを組んで、借金をして……って、確かに相続税は節約できても、こうやって亡くなったりして、本末転倒じゃないですか？

そして、話はここで終わらないんです。

**アパートローンは自宅と違って団体信用生命保険[※5]が任意**です。

金利が上がるからと、父は団体信用生命保険をつけていませんでした。

ということは、そのまま建物の借金が残るってことなんです。

ローンを返済するには、月々の家賃保証ではとても足りません。

そのうえ、父が残した遺言にはこうありました。

**「自宅は妻に、アパートはハルに、生命保険はアキに」**

生命保険がいくらか聞くと、なんと五千万というじゃないですか。

それを使ってローンを返済できる、そう考えました。

生命保険の受取人はアキさんです。だから、少しローンに回してもらおうと、エツコさんとアキさんに頭を下げました。

でも、**「アパートは遺言でハルさんのものだけれど、保険は私が受取人なので私のものです。それは渡せません」**ってアキさんに言われて……。

ひどくないですか？　本当の子でもないくせに。

再婚した時に養子縁組されていたんですよね。

だったら、私、アパートではなくて保険金五千万のほうをもらいたかったです。

どうせ子どももいませんし。

もちろん私は、おじいちゃんからの先祖代々の土地は維持していきたいという気持ちはあります。でも、今後ずっとアパート経営をしていこうと思うと気が重いです。だって、今後も修繕費はかさむでしょうし、家賃は増えないと思うんです。かといって今売ったら、かなり安く買いたたかれてしまうそうです。

どうして父は、私だけにこんなリスクを負わせたのでしょう……。

事例からの教訓

## アパート経営は利回りだけでは計算できないリスクもある

さて、今回のケースを読んで皆さんはどう感じたでしょうか?

当初の予定では、月に三十万のローンを返済しても家賃が六十万入ってくるので、多少の経費がかかったところで返済に無理があったわけではなさそうです（今回の設定は数字の根拠はありません。わかりやすくたとえています）。

**ただし、大学の移転は予想がつくものではありませんでしたよね。**

### ▼対処の基本方針

このような急な状況の変化があっても、空室にせずに済むのか?

そして、本当に外壁工事や屋根の修繕は必要だったのでしょうか？

そもそも、建築費は不当に高くありませんでしたか？

土地の評価は下げられても、建築費が高く建物の価値が低ければそれだけメンテナンスにもお金がかかるわけです。安かろう悪かろうですね。


そして、**税理士さんが言った「現金や土地を更地で持っているよりは節税になります」というコメントに嘘があるわけでもありません。**

それ自体は真実なのです。


それから、**よくネットの宣伝にある「○○支援センター」は、民間の会社です。**

公的な団体に名前を似せていますが、その名前に惑わされてはいけません。

一般社団法人、などと書いてあるとついつい信用してしまいがちですが、一般社団法人の設立には二人以上の社員が集まれば設立することができ、内容も特に制限がありません。

そして、**ハウスメーカーと提携していて、一人紹介するといくら、などとその会社にバックマージンが入ることになっているといったことがほとんどです。税理士さんも本業以外に、生命保険や家を売ることによって手数料収入があるのです。**そこを理解しなくてはなりません。

今回のように、専門家に「節税になるから」と言われてマンションを建てたけれど、最後はそれで資金繰りに苦労したり、うまく分割できずに争いになったりすることは、少なくありません。

また、今回のような再婚のケースは、資産が絡むと何かと遺産争いになりやすいのです。

## ▼相談するタイミング・具体的な方法

専門家に相談すべきタイミングは、相続対策を考えた時に、です。

**マンション経営はあくまで「経営」であり「投資」とは少し違います。**

「え？　だって〇〇支援センターでも税理士さんに頼んだじゃないか！」という声が聞こえてきそうですね。

できれば、アパートを建てる契約をする前に「資産税（相続や贈与）の専門家」の看板を掲げている先生に相談するといいと思います。

世の中には税理士さんはたくさんいますが、**相続税専門の先生はかなり少ないのです。**

理由は二つあります。

一つ目は、税理士試験というのは複数ある科目のうち五科目に合格することで試験合格となり、必須科目と選択科目があるのですが、**相続税法は選択科目です。それゆえ、相続税法を選択しなくても税理士試験には合格するのです。**

二つ目は、法人税は毎年発生しますが、相続税は人の人生において亡くなる時の一度きりです。**実務を積む機会が非常に少ないため、経験不足になりがち**なのです。そして、「そういったワンストップ型の法人と提携している税理士」が相続税の申告を何件も経験しているか、と問われるとそこには疑問が生じます。

**筆者も含めてですが、すべてを網羅する専門家は、おそらく存在しません。**そして、その専門家がわかる範囲や知識でしか教えてもらうことはできません。生前にできる相続対策はいくつかあるのですが、一歩間違うと**節税になれど家族間のトラブルになることも珍しくはないのです。**

必ず、対策を立てたあとにほかの専門家にもセカンドオピニオン的にリスクやメリット／デメリットをしっかり聞いてみましょう。

「相続」が「争族」になってしまわないようにしたいものです。

## 用語解説

※1 **相続支援センター**……相続に関する相談を受け付け、専門家と連携してサービスを紹介してくれる窓口。公的機関のようなネーミングだが、大半が民間である点に注意。

※2 **相続税評価額**……相続税を計算する時の財産の価格のこと。

※3 **家賃保証**……借主(入居者)が家賃を滞納した場合に保証会社が貸主に弁済し、その後、保証会社が借主に弁済金を請求する仕組み。保証料は借主が負担することが多い。

※4 **遺族年金**……国民年金法、厚生年金保険法に基づき、被保険者が死亡した際に残された遺族に対して支給される日本の公的年金の総称。

※5 **団体信用生命保険**……団体信用生命保険は、住宅ローンを借りた人が亡くなった場合と高度障害状態になった場合に、金融機関が残った住宅ローンを支払ってくれるというもの。民間の金融機関でマイホームローンを借入する際にはたいてい必須だが、アパートローンにその義務はない。

しんどい！劇場　土地・建物・お墓のことで、しんどい！　CASE 4

#実家がゴミ屋敷化　#兄は精神疾患で入院
#父が孤独死　#財産は誰のもの？

# CASE 4

# 実家がいつのまにかゴミ屋敷に！そして住人である父と病んだ兄が……

私はマキコ。四十歳。都内ひとり暮らし、独身ＯＬです。

突然ですが皆さん、「ゴミ屋敷」って聞いたことがありますか？
また、その単語を聞いて、どういうイメージがありますか？
誰も住まなくなった空き家に、不法投棄でゴミが捨てられ積み上がっている、とかですかね？

私の場合ですが、実家にまだ両親が住んでいるし、そもそも母がきれい好きだったので、ストック品などのモノは多少多いものの、実家はいつ行ってもそれなりに片付いていたので、

**「ふーん、ゴミ屋敷？　私には関係ない話」**

そんなふうに思っていました。

むしろ、私があまり片付けるのが得意ではないので、母にはよく叱られたものです。さすがに一人暮らしをするようになって、多少は改善されましたけどね。

そんな実家ですが、昨年に母が他界してからというもの、状況は一変。

七十歳になる父と、四十五歳の兄ノリユキの二人暮らしになり、あっという間に**実家にモノがあふれ、紛れもない「ゴミ屋敷」と化してしまいました。**

正確には、几帳面な母が客用布団十組、座布団三十枚、高価な食器や父が定年する前の背広など、今は使わないようなモノを物置や押し入れにしっかりため込んでいて「モノ屋敷」だったところに、片付けられない父と兄によって、ゴミがそのまま放置され……。

**兄ですか？　もちろん独身ですよ。親のすねかじりです。**

恥ずかしくてそんなこと、友達とか彼氏とかに言えないじゃないですか。

そんな理由もあって、実家から足が遠のいていました。

私もなかなか結婚に踏み切れなかったのは、それも一因かな……。

人のせいにするわけではないのですけどね。

そして、実家がゴミ屋敷になった原因はわかっています。

父はもともと、家事が何もできない人で、母に任せきりでしたから。

兄は兄で**「長男だから」「うちの跡取りだから」と大切に育てられ、幼少期から家のことは何一つやりませんでした。**専業主婦である母が、すべての世話をしていました。

それに加え、兄は勤務先で人間関係のトラブルがあり、五十歳目前で退職。基本的に外に出ないので、**ネット通販で買い物をして暮らしているのと、ゴミの分別作業がうまくできないパターン。**

支払いは、親の家族カードを使っているみたいです。

以前に自宅のゴミを出したものの、分別がしっかりできていなかったのか町内の人が玄関まで持ってきて「ちゃんと分別してください」なんて貼り紙がしてあったことがあったらしくて。それ以来、**ゴミを出すのが怖い**とベランダにため込んでしまったのでしょうね。

兄が捨てるのを目撃されていたか、中に入っていた郵便物で特定されたのでしょう。

いずれにせよ、ルールはルールですからね。それを守れない人間が悪いって話ではあるんですけれど。

兄はもともと小学校から不登校気味で、高校中退。高卒認定を取って通信の大学を卒業したのが二十八歳の時だったかな……。

そこからは、**とにかく仕事が続かない。**

そのうち、家に引きこもるようになってしまって。


父と兄で、二人してゴミを捨てられない、食事はほとんど出前、ネットスーパーの弁当かウーバーイーツなどの配達を利用していたようです。

となると、プラスチックや残飯ゴミが溜まっていく一方。

そして繰り返しますが、分別ができず捨てないので、**どんどん部屋の中に積み重なっていくわけです。**

私がしびれを切らして、休みの日に実家に押しかけて弁当のプラスチック容器な

どを指差し、「これ、捨てるよ?」と父親に確認すると、

**「すべて必要なモノだから、忙しいお前がいちいち首を突っ込まなくていい。実家のことはほっといてくれよ」**

などと言って激怒する。

そんなわけないじゃないですか? ゴミはゴミですよ。弁当を食べたあとの容器とか、食べ残しがそのまま床に転がっていて、本当に不衛生で……。

かといって、父が見ていないスキに勝手に何か捨てようものなら、

「ここにあった段ボールはどうした、勝手に捨てたのか」

「あれには大切なモノが入っていた」

「ここに置いた車のカギがない」

などと怒り狂う始末……。

一切、私は触っていないです。全部、人のせい!

面倒くさいったらありゃしない。

私だって暇じゃないですよ！　わざわざ来てあげているのに、頭に来ちゃいますよね？

それでも、父なりに老後を考えたのか、うるさい私に根負けしたのか、

「母さんのモノはお前が処分していい。ほら、ブランドの指輪とかカバンとか。いい喪服とか。使えそうなもの、着られそうなのはないのか」

などと言い出しました。

**うん、ようやく理解してくれた。うれしかったですね。**

じゃあ、母のモノから処分しようね、と父に声をかけて、カバンや貴金属などを処分して、少しずつモノを減らしていきました。

ただ、ちょうど私も仕事で昇格したばかりで忙しく、なかなか実家に通えず、**その後の片付け作業がどうしてもストップしてしまっていたのですよね……。**

それから、数か月後のこと――。

**兄と父が些細なことでケンカになり、父が殴られケガをした**とのことで警察と病院から私の職場に連絡がありました。

仕事を切り上げ、慌てて迎えに行くと、兄はブツブツ独り言を言っていて、父は顔に青あざが。

父は、兄に頭を思いっきり殴られ転倒。その拍子に、キッチンのテーブルの角に顔を強く打ったそうです。

警察からの取り調べののち、**兄は病院でも暴れ、なんとトイレで首つり自殺を図ったため、自殺企図により急遽、精神科を受診。**

**統合失調症[※1]との診断で、措置入院[※2]か医療保護入院と言われ、医療保護入院**になりました。精神科の入院形態っていろんな種類があるのですね……もちろん知りませんでした。

聞けば以前から幻聴が頻繁にあったようで、職場での人間関係がうまくいかないのも悪口を言われていると思い込んでいた様子。

私はそれまで知らなかったのですが、あとから父に聞いたところ、**兄は十八歳から精神科への受診歴もあったようで。**

どうりで両親は兄に甘かったというわけです。

父はそのケンカで頭を打っていたので、念のため脳外科で一泊入院しました。

幸い脳には異常はなく、打撲ということで翌日、無事に退院。

仕事を休んで退院付き添いをしましたが、入院費の会計窓口のところで、

「財布を病棟のベッドの棚の金庫に忘れた」

と言うので、いったん私が立て替え、病棟に戻ってみると金庫に財布はなく「誰かが財布を盗んだ」と大騒ぎ。

結局、自分の荷物の中に紛れていただけで、中身も無事だったのですけれど、今度は、

「財布はお前に預けたはずだ」

「お前が盗んで、俺が騒いだからとっさに隠したのだろう」

などと言い出すのです。

えーっと、これってつまり**「とうとうボケた」**ということですかね？

私は実家が気になっていたものの、**もう父から泥棒の犯人扱いされるのも嫌**だったし、ちょうど夏休み前で仕事が忙しかったこともあり、足が遠のき……。

そんなわけで、ますます実家に行かない日々が続いていたのです。

ただ、心のどこかでは常に実家のことが気になって、ゴミ処分のプロ集団がいるとネットで宣伝を見て、さっそく実家の見積もりをお願いすることにしたのです。

父も兄も嫌がりますけれど、そのままにはしておけませんからね。

父に言うと「人が来るならちょっとは自分でゴミを片付けてからにしたい」とか、「まだいいよ、父さん生きてるから。自分でできるから」とか言うのですよ。

できるなら、人を呼ぶ必要ないわけじゃないですか。

**もう、何もかもコントみたい**ですけど、いちいち許可を取っていられるレベルでもありません。

「じゃあ、八月一日に仕事休み取れたから。私、業者さん連れて行くね」と半ば強引に日時を指定して、当日必ず家にいてもらうよう、父と約束しました。

兄はまだ入院中でしたから、今がチャンスだと。

兄がいると、片付けられないくせに反対する人が増えるだけですから。

当日の朝、実家に電話したけれど、繋がらなかったので直接行くことにしました。
電話に出ないな、どうしたのかな……。
父はここ最近、耳が遠いのか、すぐに電話に出ないこともあったので、それかなって。

業者さんと実家に着くと、玄関を開ける前から、ものすごいニオイが！
肉が腐ったような、生ゴミを放置したような激臭……。
嫌な予感がしつつ合鍵でドアを開けると、**父親がうつぶせで倒れていました。**

「お父さん！」

思わず叫び、抱き起そうとすると、父の頭から耳からあちこちにウジ虫が湧いているじゃないですか！

「キャー」

思わず救急車、とスマホを取り出そうとすると、一緒に出向いたその片付け業者の方が、

**「お嬢さん……残念ながら、このご様子ですと、お父様は亡くなられているので、救急ではなく一一〇番で警察に連絡が必要です」**

と、すっかり気が動転した私の代わりに警察を呼んでくれました。

すでに亡くなっているケースでは、救急車ではなく警察を呼ぶルールなのだそうです。あと、身体に触ってはいけない、と言われましたね……いろいろ調べるからと。

いや、もう本当にショックでした。気が動転していて、この片付け業者さんが一緒にいてくださらなかったら、どうなっていたか……。

すぐに警察の方がいらして、検視が行なわれました。

兄が入院中で、父が独居だったために発見が遅れたのです。

私は警察の方がいらしている間に、取り急ぎ入院中の兄に電話しました。

その時の兄ったら、父が亡くなったのを聞いて、何て言ったと思います？

**「ふーん、そう。じゃあもうオヤジの世話、しなくて済むね」**ですって！

開いた口が塞がらないって、このことですよ。

もう、兄に頼るのは、あきらめました。いずれにせよ入院中の兄は何もできないので、警察の対応もすべて私がやらざるを得ません。

父は自宅で亡くなって、施錠もされていたことから特に事件性はないと判断されましたが「最後に会った日は？」「連絡を取る頻度は？」「生命保険の受取人は？」「ケンカなどはありませんでしたか？」などと、なんだか殺人を疑われるようなことを聞かれ、嫌な思いもしました。

もちろん警察の方は仕事で聞いているだけなので、仕方がないのですけれど。

そして父の遺体は死因を調べるために一度引き取られ、後日連絡が来て**「おそらく心疾患でしょう」「死後三日程度。夏場だったので腐敗が早かった」**とのこと。

死亡診断書ならぬ「死体検案書」も手に入れたので、葬儀の段取りをするためにも、兄に会いに行くことに。

ところで、この二つの違いってご存じですか？　亡くなった時の状況で発行者が異なり、死体検案書は基本的に警察医や監察医が発行するのだそうです。

一般的には、病院で亡くなる方がほとんどです。病院で亡くなるとお医者様が「〇時〇分　ご臨終です」と告げ、死亡診断書を書いてくれます。

このどちらかがないと、役所で火葬許可証が出ないのだそうです。


さて、相続の手続きの諸々を進めなくては。

私は意を決し、兄が入院する精神病院に面会に行きました。

顔を見て話をしないといけない、と思ったからです。


父親が死亡したことをあらためて伝えると、兄は悲しむ様子もなく、

「**お、そうか。俺はすべての財産を受け取る権利があるからな。**マキコは印鑑証明書取ってきてもらえるか？　ハンコ代くらいは、お前にも金を渡すからな」

……ですって。


**は？　お兄ちゃん？　何、勝手なことを言っているわけ？**

相続分って、きょうだい二人なら単純に半分でしょう？

こんなに迷惑かけられて、こっちが多くもらいたいくらいよ！

もう、今後の実家の片付けやら、兄と二人の相続トラブルやらで、悲しいやら腹が立つやら、頭がモヤモヤでいっぱいです。

仕事もあるので、そんなにたくさん休みを取っていられないですし。

……いったい、私はどうしたらいいのでしょう⁉

事例からの教訓

## とにかく早く福祉と連携！精神疾患が絡む際は慎重に

さて、今回のケースを読んで、皆さんはどう感じたでしょうか？

**お父さんの件、残念ながら決して珍しい話ではありません。**

そしてマキコは、忙しい中、かなり頑張っていらした、いい娘さんだと思います。

休みの日に実家に行ってゴミ処分をしようとしたり、実際にゴミ処分業者を手配したり。

でも、孤独死を防ぐことはできませんでした。

**これは、マキコのせいではありません。**

ただ、もし事前にできることがあったとしたら……最初のゴミが増えたあたりや、お父さんがお兄さんとトラブルになりケガをしたタイミングあたりで、**地域包括支援センター**[※4]**などの福祉と連携する**という知識がマキコにあれば防げたかもしれません。

## ▼対処の基本方針

実家に顔を出しておくべき理由は、介護は家族の問題だと思い込んで独りで対応するのではなく、**地域で、福祉をきちんと利用して複数で支えることが目的**です。

こちらのケースは、兄の精神疾患もありましたから、その必要性がより高い状態でしたが、**精神疾患に関してはまだまだ偏見も多く、なかなかほかの人に相談しづらい空気があることも事実**です。

民生委員[※5]が顔見知りで、ウワサ好きというケースも少なくはないのです（もちろん大半の民生委員の方は守秘義務などを守られているわけですが）。

また、どうやらお兄さんが勝手にすべてを相続しようとしていますね。

本当にすべてを相続する、そんなことができるのでしょうか。

**結論から言うと、相続できるけれど、ほかのきょうだいには「遺留分[※6]」という最低限請求できる割合が存在します。**

こちらも、専門家は以下になります。


相続税がいくらかかるか、納税に関しては、税理士。

遺言書や、相続の遺産分割の揉めごとに関しては、弁護士。


このように相談することを、ぜひ覚えておきましょう。

## ▼相談するタイミング・具体的な方法

相談すべきタイミングとしては、**「誰かが『困った』と思った時」**です。

そして具体的な方法は、**「親御さんがお住まいの」地域包括支援センターに連絡・相談**、です。
**お子さんの居住区ではない**ので、注意してください。

今回のケースですと、たとえば……

**●実家にゴミが溢れていることに気づいたタイミング**

この時、**娘マキコから支援センターに電話して状況を相談**しておけたなら、その時点で要介護認定[※7]され、自宅に訪問してもらい、孤独死する前に発見してもらえたかもしれません。

**●父親が兄ノリユキにケガをさせられたタイミング**

父親の入院もありましたから、スムーズに**病院の支援窓口**[※8]などから繋げられたでしょう。

大きな病院には社会福祉士[※9]や精神保健福祉士[※10]などの資格を持つ**ソーシャルワーカーが在籍していることが多い**です。

そのあたりのスタッフが制度に関しても詳しいですし、相談室を設置していることもあります。気軽に相談してみるといいでしょう。

なお、地域包括支援センターでのサービスとしては、

・介護予防ケアマネジメント
・総合相談支援
・権利擁護
・包括的・継続的ケアマネジメント支援

などがあります。

地域包括支援センターはお住まいの地域により、担当のセンターが決まっているはずです。

おおよそですが、中学校区域あたりで一か所配置されていることが多いです。一つ注意点があるとすれば、最初にも述べましたが、あくまで親の介護になりますので、**「親御さんが住んでいる場所」の地域包括支援センターに相談すべき**です。

繰り返しになりますが、**お子さんが離れて暮らしている場合、地域包括支援センターの管轄はお子さんの居住地ではない**ので注意しましょう。

もしわからなければ、親が住んでいる市町村のホームページを見て、介護福祉課に電話してみましょう。担当の人が、親切に教えてくれるはずです。

今お困りの方は、**まずは独りで抱え込まずにいずれかの公的な専門家に聞く**という一歩を踏み出してみてください。

困っていない方は、ぜひ**「独りで抱え込まず、使える福祉を探して皆で支える」**という基本ルールを頭の片隅に入れておくと、いざという時に転ばぬ先の杖になるはずです。

一方、相続財産に関しては**「相続に詳しい弁護士」に相談しましょう。病院の医師と同じで、弁護士にも得意分野・専門があります。**

見分けるコツとしては「年間でどれくらい相続の案件を取り扱うか」を聞いてみることです。

正直に「相続は私の専門ではないので、他の専門の先生をご紹介します」と言える先生こそが、よい先生だと私は思います。

適切なリファー（紹介）や、コンサルテーション（連携しての問題解決）ができない先生は、残念ながらいらっしゃいます。

そういった先生と連携しても、納得いく結果を導きづらいでしょう。

法テラス[※11]などで無料相談をしているケースもあるので、一度問い合わせてみてください。

## 用語解説

※1 **統合失調症**……精神疾患のひとつ。考えや気持ちがまとまらなくなる状態が続く。現代では約百人に一人が疾患すると言われる。思春期に発症しやすい。

※2 **措置入院／医療保護入院**……精神科の入院は大きく分けて三種類。精神障害があり医療と保護のため入院の必要があると判断される時に適用される。「措置入院」は、都道府県知事の権限により精神保健指定医二名の診察が必要。「医療保護入院」は、家族の同意が必要。ほかに本人が自ら入院に同意する「任意入院」もある。

※3 **ゴミ処分のプロ集団**……「生前整理」「死後整理」「遺品整理」など表現は異なるが、要は不用品を処分してくれる民間業者のこと。ただし、料金があまりに安いところは自治体のゴミのルールを守らず山林などに不法投棄をしているケースも。利用する際は、評判をチェックしつつ相見積もりをとるのがお勧め。

※4 **地域包括支援センター**……介護保険に関する相談や申請を受け付けている場所であり、高齢者の総合相談窓口。「総合相談支援業務」「権利擁護業務」「介護予防ケアマネ

## 用語解説

ジメント業務」「包括的継続的ケアマネジメント支援業務」の四つの役割があり、保健師・看護師・社会福祉士・ケアマネジャーなどが配置されている。ただし、あくまで相談・紹介の窓口であり、介護サービスや医療行為など直接的な支援は行なっていないので要注意。

※5 **民生委員**……民生委員は厚生労働大臣から委嘱され、それぞれの地域において常に住民の立場に立って相談に応じ、必要な援助を行ない、社会福祉の増進に努める。児童委員を兼ねる。任期は三年。無報酬ボランティアである。

※6 **遺留分**……亡くなった人の兄弟姉妹以外の法定相続人に最低限保障されている、遺言によっても侵害されない相続財産の割合のこと。

※7 **要介護認定**……介護サービスの必要度(どの程度、介護サービスを行なう必要があるか)を判断するもの。したがって、その方の病気の重さと要介護度の高さとが必ずしも一致しない場合がある。

## 用語解説

※8 **病院の支援窓口**……「地域医療連携室」「医療相談室」「相談窓口」などの名称で病院内に設置されている窓口。たとえば生活保護などが必要だと判断されるとその案内や連携をしてくれる。社会福祉士や精神保健福祉士が常駐していることが多い。

※9 **社会福祉士**……介護や障害などで日常生活に支障のある人や家族に対して相談や支援を行う国家資格。略称は「CSW」。

※10 **精神保健福祉士**……おもに精神科病院等の施設において、精神障害の治療を受けている人に対して日常生活や社会復帰に関する相談や支援を行なう国家資格。略称は「MHSW」「PSW」。

※11 **法テラス**……日本司法支援センターのこと。国が設立した法的トラブル解決のための総合案内所。サポートダイヤルは0570‐078374。無料で相談するには収入・資産・民事法律扶助の趣旨に適しているかどうかという三点の条件がある。

## おわりに

本書を最後までお読みいただき、ありがとうございます。

**「いつまでも　あると思うな　親と金」**

このフレーズを聞いたことがある方、多いかと思います。

親はいつまでも元気とは限らないし、お金も使えば、いつかはなくなりますよね。

**命もお金も、無限ではないのです。**

そして、これには続きがあるのをご存じですか？

**「ないと思うな　運と災難」**だそう……深いですね。

運がないと嘆くこともない。いつか運は巡ってくるもの。

けれど「そんな、滅多に災難なんてないでしょ〜」と、のんびりはＮＧ！

「災害」と「実家トラブル」は、人生において、いつ襲いかかってくるかわかりません。**「そなえよ　つねに」**です。

実家トラブルに関しての知識があると、**心に余裕**が生まれます。いざという局面で、どこに相談すべきか？　どう動くべきか？　わからないから、怖いのです。避難訓練のように「実家トラブル解決のため、いざという時にすべきこと」を知っておくと、本番で慌てずに済みます。

本書を執筆した大きな理由に、「皆さんにいくつかのエピソードを読んでいただき、トラブルの疑似体験をしていただくことで、**実際にそのようなことが起こった時に慌てずに、早めに解決して、自分の人生を楽しく生きてほしい」**という思いがありました。

当事者だったかつての私は、実家トラブルに備えた知識がなかったので、とても苦労しました。読者の皆さんにはそんな思いをしてほしくないですし、もし渦中の人がいたら「私も大変だったけれど、こんなに元気にやっているよ」「独りで抱え込まないでね」と、ぎゅっと抱きしめて、お伝えしたい。本気でそう思います。

人に頼るのが苦手だった私が、たくさんの人の力を借りてこの一冊を仕上げました。確定申告シーズンで忙しい時期にもかかわらず原稿をチェックしてくださったK先生。「若杉さん文才ありますね！」と温かいエールをくださったY先生。そして、これらの「本当にあったオモロ怖い話」を、やわらかくキャッチーなまんがでビジュアル化してくださったシベリカ子先生。心から感謝申し上げます。

心を込めて作った本書のなかで、読者の皆さんに一つでもお役に立てることがあって、今後の人生を自分らしく楽しく生きてくださったら、私はとても幸せです。

ファイナンシャル・プランナー／公認心理師／終活アドバイザー
若杉　恵

本書は、本文庫のために書き下ろされたものです。

知的生きかた文庫

# 実家《じっか》がしんどい！


著　者　若杉　恵（わかすぎ・めぐみ）

発行者　押鐘太陽

発行所　株式会社三笠書房

〒102-0072　東京都千代田区飯田橋3-3-1

https://www.mikasashobo.co.jp

印　刷　誠宏印刷

製　本　若林製本工場

ISBN978-4-8379-8921-9 C0130




本書へのご意見やご感想、お問い合わせは、QR コード、
または下記 URL より弊社公式ウェブサイトまでお寄せください。
https://www.mikasashobo.co.jp/c/inquiry/index.html



＊落丁・乱丁本は当社営業部宛にお送りください。お取替えいたします。

＊定価・発行日はカバーに表示してあります。

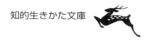

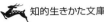